Torsten Schubert

# DAS DIRK KREUTER PHÄNOMEN

Die ganze Wahrheit über Trainer, Speaker, Coaches und Berater im Spiegel der Zeit

*Hintergründe aus einer Branche, die bewegt und polarisiert*

## Das Dirk Kreuter-Phänomen
Die ganze Wahrheit über Trainer, Speaker, Coaches und Berater im Spiegel der Zeit

Copyright © 2025 ForwardVerlag
Imprint der Verlagsgruppe StudyHelp GmbH, Paderborn
www.forwardverlag.de

1. Auflage

Autor: Torsten Schubert

Kontakt: info@forwardverlag.de
Umschlaggestaltung: @magicdesign
Druck: mediaprint solutions GmbH

**Disclaimer / Haftungsausschluss**
Das Werk inklusive aller Inhalte wurde unter größter Sorgfalt erarbeitet. Der Verlag übernimmt jedoch keine Gewähr für die Aktualität, Korrektheit, Vollständigkeit und Qualität der bereitgestellten Informationen. Druckfehler und Falschinformationen können nicht vollständig ausgeschlossen werden.

ISBN 978-3-98755-140-6

# Inhaltsverzeichnis

**Einführung: Warum Coaching?**     7

**Von Kutschern und Managern:
Die Geschichte des Coachings – wie der Markt für Beratung,
Coaching, Training und Speaker entstand** .......... 13

**Wandel durch Industrialisierung:
Der Beginn des Managements**     14

**Manager brauchen Wissen:
Unternehmensberatungen im 19. und Anfang des 20. Jahrhunderts**     15

**Humanistische Psychologie:
Wegbereiter des Coachings**     18

**Die Anfänge der Selbstverwirklichung**     19

**Die mentale Seite der eigenen Leistungsfähigkeit**     20

**Sieben etablierte Coaching-Techniken**     22

**Die Anfänge in Deutschland nach dem Zweiten Weltkrieg**     25

**Die Pioniere Heinz Goldmann und Erich-Norbert Detroy**     26

**Die Unterscheidung zwischen Coach, Speaker, Berater und Trainer**     28

**Die zweite und dritte Generation:
Bodo Schäfer, Jürgen Höller, Vera Birkenbihl und Uwe Böning**     30

**Der Wegbereiter**     30

**Der Motivationstrainer**     32

**Der Kritiker**     34

**Edutainment**     34

**Der Professionalisierer**     36

Wie die vierte Generation den Markt verändert:
Alex Fischer, Hermann Scherer, Alexander Christiani und Dirk Kreuter 38

Vom Bettler zum Speaker 39

Vom Vertriebscoach zum Geschichtenerzähler 41

Der rote Faden einer langjährigen Laufbahn 42

## Der Markt heute .............................. 47

Etabliert und langweilig oder im Aufbruch –
wozu werden Trainer, Berater und Coaches gebraucht? 48

Der Blick von außen:
Wie sieht der Journalismus die Branche? 56

Wer hat eigentlich das Zeug zum Trainer? 64

Welche Anbieter befinden sich im Markt? 73

Ein vergleichender Blick auf die Branche in
Europa, Asien und die Vereinigten Staaten 78

Dubioses und Kurioses:
Von Mehmet Ercan Göker bis zu Tobias Beck 83

## Ein Pionier der Unternehmensberatung ............ 91

Die einzigartigen Ansätze von Unternehmensberater Roland Berger 93

## Geld ........................................ 99

Umsatz und Wachstum 99

Wird die Branche hauptsächlich monetär getrieben? 102

Ist es möglich, ein Auftragsvolumen von 100 Mio. Euro zu erreichen? 104

## Lehre und Glaubenssätze:
## Was der Markt seinen Kunden bietet ............ 109

Einige wichtige Coaching-Spezialisierungen 111

Wie Tom Peters Business-Speaking ins Leben gerufen hat 112

Die Branche und der Sport:
Welche Ansätze wurden übernommen? 118

Welchen Einfluss nehmen Bücher auf die Karriere eines Trainers? 125

## Die Branche und die sozialen Medien ............ 127

Einfluss der sozialen Medien auf die Branche 129

Wissen verschenken 130
Wie viel Technik verträgt die Branche? 132
Erschließung neuer Zielgruppen 134
Bedeutung des persönlichen Kontakts in Zeiten der sozialen Medien 137

## Das Abenteuer vom anderen Sein . . . . . . . . . . . . . . . . 141

Wir leben in Zeiten, in denen erstmals Selbstoptimierung möglich ist 142
Seminartourismus 144
Kätzchen und Tiger 145
Sehnsuchtsindustrie Coaching 147

## Die große Bühne . . . . . . . . . . . . . . . . . . . . . . . . . . . . 151

Die Entwicklung der offenen Seminare 151
Als Einzelredner in großen Hallen 153
Das Massenerlebnis aus Sicht des Publikums 156
Was ist der Nutzen solcher Veranstaltungen? 159

## Netzwerk und Kulminationspunkt für Unternehmer . . . 163

Der Trainer als Coach und Mentor für seine Kunden 163
Das erfolgreiche Business-Netzwerk als Fortführung der Trainerarbeit 167
Beitrag der Vielen für den Erfolg der Einzelnen 170
Die Weiterentwicklung des Netzwerk-Gedankens 172
Weitere innovative Ansätze von Trainern und Kunden 174

## Das Beispiel Dirk Kreuter . . . . . . . . . . . . . . . . . . . . . . 179

Das erste digitale Großevent in Deutschland 180
Auf die Zielgruppe abgestimmte Inhalte 183
Ein Beispiel 186
Rekord in der Dortmunder Westfalenhalle 187
Die Erde ist ein Menschenplanet 190
Jetstream-Membership 191
Veränderung und Wandel 193
„Ich suche die Nähe zu den Menschen" 195
Internationale Ambitionen 197

| | |
|---|---|
| Größte Herausforderung sind ständige Veränderungen | 198 |
| Eine kurze Geschichte des Verkaufstrainings | 199 |
| Mehr als nur ein Name: Die Personenmarke Dirk Kreuter | 201 |
| Inhaltliche Definitionshoheit | 203 |

## Die Verbandslandschaft ........................ 207

| | |
|---|---|
| Bundesverband Deutscher Verkaufsförderung und Trainer e.V. (BDVT) | 208 |
| Deutscher Bundesverband Coaching e.V. | 209 |
| Deutscher Coaching Verband e.V. | 212 |
| German Speakers Association e.V. | 213 |
| Club 55 | 215 |
| European Coaching Association e.V. (ECA) | 218 |
| Deutscher Verband für Coaching und Training e.V. (dvct) | 220 |
| Roundtable der Coachingverbände (RTC) | 223 |

## Die Zukunft ................................. 227

| | |
|---|---|
| Wohin geht die Reise der Branche? | 227 |
| Wer ist dabei? | 229 |
| Welche Perspektive bietet der Markt in den kommenden Jahren? | 230 |
| Welche Herausforderungen warten auf die Branche? | 231 |
| Welche Lösungen bietet die Branche zukünftig ihren Kunden? | 232 |
| Zu guter Letzt | 234 |

**Einführung: Warum Coaching?**

Der Mensch ist ein neugieriges Wesen. Er sucht nach Antworten auf seine drängenden Fragen: Woher kommen wir und wohin gehen wir? Da diese existentiellen Fragen nicht so ohne weiteres zu beantworten sind, entwickelt er seit Jahrtausenden verschiedene Techniken, um sein großes Ziel zu erreichen und die Antwort auf alles zu finden. Dazu gehören Religionen genauso wie die Naturwissenschaften, das Ingenieurwesen, die Künste, Politik und Wirtschaftswissenschaften. Diese kurze Liste ist selbstverständlich nicht abschließend.

Wir sind weit gekommen in unserem Streben, das „Woher" und „Wohin" zu ergründen. Vom Feuer über das Rad und die Architektur bis zur Relativitätstheorie und Quantenphysik haben wir uns vieles erschlossen. Neuerdings erschaffen wir sogar künstliche Intelligenzen (KI), die uns in absehbarer Zeit bei unserer Suche unterstützen werden. Und natürlich gibt es viele mehr oder weniger ernst gemeinte Ansätze, unsere großen Fragen zu lösen. So behauptet der britische Autor Douglas Adams in seinem berühmten Roman „Per Anhalter durch die Galaxis", die Antwort auf alles laute schlicht „42". Doch obwohl 42 mathematisch gesehen, als siebte pronische Zahl tatsächlich eine recht besondere Zahl ist (pronische Zahlen entstehen, wenn zwei aufeinanderfolgende natürliche Zahlen miteinander multipliziert werden – in diesem Fall die Zahlen sechs und sieben, denn sechs mal sieben ergibt genau 42), konnte bisher noch niemand die Annahme von Adams beweisen. Wir suchen also weiter nach der sogenannten Weltformel, die uns alles erklären soll. Dabei wird uns unsere Suche sehr wahrscheinlich in nicht allzu ferner Zukunft auf ferne Welten wie den Mars führen.

Doch eines verlieren wir bei unseren Bemühungen um das „Woher" und „Wohin" immer wieder aus den Augen. Uns selbst. Was ist das eigentlich für ein Wesen, der Mensch? Vor allem der Einzelne, der in einer Gesellschaft existiert, die ihn ernährt und beschützt, aber auch mitreißt, fordert, benutzt und manchmal auch vernichtet. Lange Zeit spielte das Individuum kaum eine Rolle in der Entwicklung der Menschheit. Das änderte sich erst allmählich mit der Erfindung der Schrift. Die erste bekannte Autorin, die ihre Werke mit ihrem eigenen Namen unterzeichnete, ist die sumerische Hohepriesterin und Dichterin Enheduanna im 23. Jahrhundert vor unserer Zeitrechnung. Ab diesem geschichtlichen Augenblick begannen wir eine Vorstellung unserer Persönlichkeit zu entwickeln. Doch es dauerte weitere Jahrtausende, bis das Individuum tatsächlich in der Mitte der Gesellschaft ankam.

Dieses Ankommen geschah alles andere als stressfrei. Es bedurfte vieler Irrwege, Kämpfe und sogar Revolutionen, bis der einzelne Mensch endlich aus der Masse der Menschheit heraustrat und gesehen wurde. Zwei Entwicklungen spielten dabei eine zentrale Rolle: Der naturwissenschaftliche und technische Fortschritt sowie die Entdeckung des Menschen nicht nur als Arbeitskraft, sondern auch als Konsument und damit entscheidende Triebkraft des Wirtschaftswachstums. Wieder setzte die Schrift dabei einen wichtigen Meilenstein. Diesmal in Form der Druckpresse mit beweglichen Lettern, eine ursprünglich chinesische Erfindung, die von Johannes Gutenberg für Europa neu entdeckt wurde. Sie ermöglichte die günstige Verbreitung von Schriftstücken und damit von Wissen. Erstmals war Bildung für eine breite Bevölkerungsschicht zugänglich. Dadurch erkannte sich der Mensch spätestens mit der Aufklärung selbst. Eine ungeahnte Dynamik setzte ein, die nur in wenigen hundert Jahren zur modernen Gesellschaft führte, in der wir heute leben. Eine unglaublich spannende Reise liegt hinter der Menschheit, die das individuelle Individuum mit akzentuierter Persönlichkeit hervorgebracht hat. Es begann mit der Bewusstwerdung des schöpferischen Werkes, das mit dem eigenen Namen unterschrieben wurde. Ein Akt des Selbstbewusstseins und des Stolzes auf das persönliche Leben. Was heute selbstverständlich ist, musste auf einem sehr langen Weg hart erarbeitet werden. Wir profitieren davon und wir leiden darunter.

Ja, richtig. Die Entdeckung der individuellen Persönlichkeit bringt uns nicht nur Vorteile. Unsere Freiheit geht einher mit Verantwortung, vielfältigen Aufgaben, lebenslangem Lernen, fortwährendem Wandel und schnellen Veränderungen, mit Zweifeln, Ängsten, jede Menge Unsicherheiten sowie zum Teil großer Überforderung. Wir spüren Tag für Tag die Last unseres gelebten Individualismus. Nicht wenige Menschen wünschen sich zurück in funktionierende, kleine Gemeinschaften, die Schutz, Ruhe und einen stetigen Rhythmus bieten. Sie trachten danach, ihr individuelles Leben gegen eine Art von Gruppenerleben einzutauschen. Bekannt ist, dass beispielsweise bei Konzerten oder religiösen Ritualen der Herzschlag der Teilnehmer sich angleichen kann, was bei manchen zu einem Gefühl der Einheit führt. Nach solchen Erlebnissen suchen viele Menschen heutzutage verstärkt.

Der Grund für diese Suche heißt Einsamkeit. Die Individuen fühlen sich alleingelassen in einer Gesellschaft, die ihnen alles abverlangt, ohne mehr als Geld zurückzugeben. Die konsumorientierte Welt stellt den Austausch von Waren in den Vordergrund der meisten ihrer Anstrengungen. Der Einzelne verliert sich zwischen Job und vorgefertigtem Freizeitstress. Hinzu kommen Verunsicherungen durch neue Entwicklungen wie Metaversen und künstliche Intelligenzen. Dem einzelnen Menschen wird viel zugemutet dieser Tage. Während gerade jetzt traditionelle Institutionen wie Kirchen, Vereine und selbst der Staat mehr und mehr als Zufluchtsorte, die Verlässlichkeit, Zuspruch und Sicherheit bieten, an Bedeutung verlieren.

Doch der Mensch schafft sich seit inzwischen über hundert Jahren Alternativen. Ende des 19. Jahrhunderts entwickelte Sigmund Freud die Psychoanalyse und baute dabei auf Methoden der Psychotherapie auf, deren Wurzeln bis ins 18. Jahrhundert zurückreichen. Der Mensch als Individuum wird gesehen, ernst genommen, erforscht und betreut. Was zunächst als Hilfe für den psychisch auffälligen Einzelnen gedacht war, entwickelte sich bald auch zu einer Hilfe in Lebensfragen. Denn die Erkenntnis reifte von der Aufklärung über die industrielle Revolution bis zum heutigen Tag, dass Menschen, gerade weil sie Individuen sind, Unterstützung in vielen Phasen ihres Lebens benötigen – besonders natürlich in Phasen des Umbruchs und der Veränderung. Beantworteten über lange Zeit vor allem örtliche Pfarrer die Fragen der Menschen nach den Vorgaben der Bibel, führte zunehmende Bildung auch einfacher Männer und Frauen zur Infragestellung der Kompetenzen dieser frommen Personen. Neue Ansprechpartner waren oft Lehrer, die als besonders gebildet galten. Doch auch die genügten nicht mehr, als mit Beginn der industriellen Revolution immer mehr Menschen in schnell wachsende Städte strömten und dort rasant neue gesellschaftliche Klassen entstanden. Neue Fragestellungen erforderten neue Antworten und vor allem eine neue Art von Mentoren, die diese Antworten geben konnten.

Das war der Zeitpunkt, ab dem sich die Form der „Lebenshilfe" entwickelte, die wir heute Coaching nennen. Es musste noch ein weiter Weg von den Anfängen bis zur gegenwärtigen Professionalität und Akzeptanz der Coaches sowie dem Aufbau einer ganzen Branche zurückgelegt werden. Natürlich dauerte es nicht nur, bis sich die neue Methode durchsetzte, sondern auch, bis sie jedem Menschen zur Verfügung stand. Zunächst diente sie der wohlbetuchten Elite des aufkommenden 20. Jahrhunderts. Aber ihre Breitenwirkung ließ nicht lange auf sich warten. Heute bedienen Coaches einen Milliardenmarkt und sind aus dem Geflecht zwischen lebenslangem Lernen, einer sich ständig verändernden Welt und dem wachsenden Bedürfnis nach persönlicher Betreuung in vielerlei Fragen des individuellen Lebens nicht mehr wegzudenken. Sie sind eine wichtige Säule im Netzwerk des modernen Menschen, der viel Wert darauf legt, seine Persönlichkeit weiterzuentwickeln und dabei professionelle Unterstützung zu erhalten.

Wie es dazu gekommen ist, welchen Platz Coaches wirklich in unserer vielschichtigen Gesellschaft einnehmen und ob sie tatsächlich halten, was sie versprechen, beschreibt das vorliegende Buch. Es beleuchtet die Branche eingehend, hinterfragt Methoden und Vorgehensweisen von Coaches, beschreibt Akquisitionsmodelle und lässt einzelne Coaches zu Wort kommen, wie auch Kritiker der Branche. Stets mit Blick auf den Nutzen des Coachings für Mensch und Gesellschaft.

Folgen Sie uns auf eine spannende Reise durch Raum und Zeit in die Welt des Coachings, die Sie ein ums andere Mal überraschen, aber auch verunsichern, abstoßen und dann wieder faszinieren dürfte. Sie ist ein großes Geschäftsmodell – aber doch weitaus mehr, weil es immer um Menschen geht. Sie polarisiert durch zweifelhafte Methoden – entwickelt sich aber stetig weiter. Sie bringt Scharlatane hervor, weil sie keine Ausbildung verlangt – doch stets auch hervorragende Köpfe, die ihre Mandanten auf einem ohne sie unvorstellbaren Weg begleiten. Und sie ist aus unserer Gesellschaft nicht mehr wegzudenken, weshalb sich eine Auseinandersetzung mit ihrem Wesen, ihren Stärken und Schwächen, ihren Absurditäten und ihren unumstößlichen Erfolgen lohnt. Machen Sie sich selbst ein Bild und entdecken Sie Coaching neu. Es ist ein echtes Erlebnis, das auch ein Bild auf unsere Gesellschaft wirft und auf die Art, wie wir miteinander leben und umgehen. Von den zaghaften Anfängen einer jungen Branche, bis zum Dirk Kreuter-Phänomen.

# 1
# Von Kutschern und Managern: Die Geschichte des Coachings – wie der Markt für Beratung, Coaching, Training und Speaker entstand

Alles begann mit einem Systemwechsel. Oder vielleicht war es auch eher ein Neuanfang. Diesen Neuanfang nennen wir heute industrielle Revolution. Der Mensch lernte die Kraft der Maschinen zu nutzen und drückte damit gesellschaftlich gesehen einen Resetknopf. Alte Ordnungen wurden abgelöst und traditionelle Strukturen zerbrachen unter der Wucht von Dampfkesseln, automatischen Webstühlen und dem hämmernden Rhythmus der Fabriken. Die Maschinen griffen erstmals in das Leben der Menschen ein und machten dabei vor nichts und niemandem Halt.

## Wandel durch Industrialisierung: Der Beginn des Managements

Das betraf auch die Fabrikbesitzer selbst, die bald als Kapitalisten beschimpft und bewundert werden sollten. Sie mussten erkennen, dass sie nicht mehr aus eigener Kraft in der Lage waren, ihre wachsenden Unternehmungen zu führen. Je mehr Mitarbeiter sie beschäftigten, desto schwieriger wurde es für sie, den Überblick zu behalten. Der Patriarch, der alle kannte und als eine Art Übervater für seine Belegschaft da war, gehörte schnell der Vergangenheit an.

Ein neuer Berufsstand trat in die Geschichte ein. Seine Aufgabe bestand von Anfang an darin – und ist es bis heute – Unternehmen und Arbeit zu organisieren. Diese Macher erhielten von den Fabrikanten die Macht, den Betrieb faktisch zu leiten, während die Eigentümer sich zukünftig darauf beschränkten, die Richtung vorzugeben sowie das Große und Ganze im Blick zu behalten. Das Management war geboren und seine einzelnen Manager machten sich in den Unternehmen schnell unentbehrlich. Sie nutzten die Gunst der Stunde, das wirtschaftliche Leben zunächst in Europa und später weltweit maßgeblich mitzugestalten. Selbst nicht produktiv, mussten sie allerdings stets ihren Nutzen für die Unternehmung nachweisen.

Es sind immer die Zeiten von Veränderungen und Umbrüchen, die Neues hervorbringen. Auch aktuell entstehen neue Berufe, beispielsweise der Social Media Manager, Datenanalyst, App-Entwickler und Influencer. Die technologische Revolution seit der Jahrtausendwende führt bis heute zu einer Vielzahl innovativer Arbeitsfelder. Nicht anders im 19. Jahrhundert. Der Erfolg der Fabriken schuf nicht nur den Manager als neuen Beruf, sondern erforderte auch eine theoretische Auseinandersetzung mit dieser Entwicklung. Denn was war ein Manager überhaupt? Was sollte er leisten und welche Kompetenzen musste er mitbringen? Das Management war ein weißes Blatt, das erst noch zu beschreiben war.

Diese Aufgabe übernahmen vor allem Frederick Winslow Taylor (1856 - 1915) und Henri Fayol (1841 - 1925). Der US-amerikanische Ingenieur Taylor legte großen Wert auf Effizienz und Produktivität. Er ging mit wissenschaftlichen Methoden daran, Arbeitsprozesse zu analysieren und zu optimieren, was zu einer detaillierten Aufgabenzerlegung und Spezialisierung der Arbeit führte. Damit wurde er zum Wegbereiter des wissenschaftlichen Managements. Der französische Ingenieur und Industriemanager Fayol erarbeitete währenddessen Grundsätze des allgemeinen Managements, die er 1916 in seinem Buch „Industrielle und allgemeine Verwaltung" veröffentlichte. Dabei identifizierte er Funktionen wie Planung, Organisation, Führung, Koordination und Kontrolle als seine essentiellen Elemente. Die für die damalige Zeit neuartigen Ideen von Frederick Taylor zu Arbeitsprozessen und Henri Fayol über Organisation und Führung legten den Grundstein für die Entstehung von Management als eigenständige Disziplin.

## Manager brauchen Wissen:
## Die ersten Unternehmensberatungen im 19. und Anfang des 20. Jahrhunderts

Der Beruf des Managers wurde also schleunigst definiert und in das Konstrukt eines Unternehmens eingeordnet. Das brachte den einzelnen Beschäftigten jedoch in ein Dilemma. Woher bekam er das Wissen, um nützlich zu sein?

Die Ahnungslosigkeit der frühen Manager jener Tage rief einen weiteren Mann auf den Plan, der sich Gedanken darüber machte, wie der Wissensdurst der neu entstandenen Klasse zu stillen sei. Arthur Dehon Little (1863 - 1935) studierte am *Massachusetts Institute of Technology* (MIT) Chemieingenieurwesen. Weil er die Studiengebühren aber nicht mehr bezahlen konnte, musste er sein Studium abbrechen. Das brachte ihn auf den Gedanken, eine eigene Firma zu gründen. Als Zeitgenosse Frederick Taylors beschäftigte er sich ebenfalls mit Effizienz und Produktivität in Unternehmen und trug im Laufe seines Lebens wesentlich zur Entwicklung von wissenschaftlichen Managementprinzipien bei. Bekannt wurde er jedoch aus einem anderen Grund. Arthur Little eröffnete 1886 im Alter von nur 23 Jahren in Cambridge (Massachusetts) die gleichnamige Unternehmensberatung und wurde auf diese Weise zu einem der ersten, der professionelle Beratungsdienstleistungen für verschiedene Industrien anbot. Damit hinterließ er einen bleibenden Einfluss auf dem Feld der Unternehmensberatung, zu dessen Pionieren sicherlich auch Frederick Taylor zu zählen ist.

Der damals noch junge Beruf des Managements zog folglich eine ganz neue Branche nach sich: die Beratung. Bis dahin holte man sich vielleicht irgendwo Rat bei Freunden oder unter Gleichgesinnten. Es gab Lehrer für Kinder und verschiedene Fertigkeiten wie zum Beispiel Musizieren und Malen. Doch professionelle Berater waren etwas unerhört Neues. Wer maßte es sich schon an, seine Mitmenschen zu belehren und dafür auch noch Geld zu verlangen?

Das stieß naturgemäß auf Skepsis und Ablehnung. Nicht zuletzt, weil das Konzept der technischen Beratung einfach viel zu ungewohnt war. Besonders traditionelle Geschäftsleute stellten Littles Methoden in Frage. Der Jungspund musste sich erst einen Ruf als zuverlässiger Berater erwerben. Im Laufe der Zeit gewann er allerdings zunehmend Anerkennung und baute eine Kundenbasis auf, die zu einer erfolgreichen Entwicklung seines Beratungsunternehmens führte. Anfang der 1980er stieg das Unternehmen sogar kurzzeitig zur weltweit größten Beratung auf. Heute ist Arthur Little mit rund 1500 Mitarbeitern international in 42 Büros tätig. Der Hauptsitz der Gesellschaft befindet sich in Brüssel. Schwerpunktthemen der Beratung sind Strategie, Innovation sowie Transformation.

Gleich zu Beginn zeigen sich einige Eigenschaften der Unternehmensberatung, die bis heute gültig sind: Einstieg meist in jungen Jahren, zunächst kundenseitige Skepsis und Ablehnung bei der Einführung neuer Methoden, wachsende Einflussnahme auf die Entwicklung der betreuten Unternehmen durch die Lösung organisatorischer Probleme sowie eigener wirtschaftlicher Erfolg bei zunehmender fachlicher Anerkennung. Unternehmensberatungen spiegeln somit immer auch die Dynamik und Anpassungsfähigkeit der Wirtschaft im Laufe der Zeit wider.

Die Pioniertat Arthur Littles hatte Folgen. In den kommenden knapp vierzig Jahren festigten sich die anfänglichen Formen der Beratung vor allem im Ingenieurs- und Wirtschaftsbereich. Doch es dauerte bis in die 1920er Jahre hinein, um einen ersten Boom auszulösen. Das gelang James Oscar McKinsey mit der Gründung von *McKinsey & Company*, die weitere Firmen nachzog. Direkt nach dem Zweiten Weltkrieg erlebten sie einen Aufschwung, da Unternehmen verstärkt professionelle Unterstützung bei der Bewältigung von Veränderungen und Wachstum nachfragten. Die Branche etablierte sich endgültig und war aus der Welt der Wirtschaft fortan nicht mehr wegzudenken.

Zumal die 1960er und 1970er Jahre weitere Herausforderungen für Unternehmen bereit hielten. Von der Diversifizierung ihrer Dienstleistungen über strategische Planung bis zur IT-Einführung standen schwierige Themen auf der Agenda des Managements, die spezifisches Wissen und damit umfangreiche Beratung erforderten. Das setzte sich in den 1980er Jahren nahtlos mit der Globalisierung der Wirtschaft nach Ende des Kalten Krieges fort, die zu einer Welle der Internationalisierung von Management und Beratungsfirmen führte.

## Humanistische Psychologie: Wegbereiter des Coachings

Doch die notwendigen Veränderungen in herausfordernden Zeiten wandelten nicht nur die Unternehmen. Auch die Manager stellten fest, dass sie inzwischen zwar zur wirtschaftlichen Elite ihres Landes zählten und über sehr angenehme Privilegien verfügten, doch der Preis dafür war gewaltig. Von ihnen wurde ein hoher Einsatz gefordert, der immer öfter zu persönlichen Tragödien führte: Verlust des privaten Lebensumfeldes aus Zeitmangel, Frustration, Krankheiten, Alkoholabhängigkeit, Scheidung, Selbstmord. Wer als Manager Karriere machen wollte, ging ein großes Wagnis ein, das anscheinend von Jahr zu Jahr zunahm. Auch die Unternehmen spürten die Anspannung immer deutlicher anhand von Krankmeldungen, Arbeitsverweigerung und Kündigungen. So konnte es nicht weitergehen. Eine Lösung hatte aber zunächst niemand für dieses existenzielle Problem.

Naheliegend war der Gang zum Psychiater. Der galt damals allerdings noch als geradezu anstößiger Makel und geschah deshalb meist nur heimlich in allergrößter Not. Niemand konnte sich in einem Managementjob leisten, Schwäche zu zeigen. Zur Hilfe kam den Betroffenen ein neuer Ansatz, der schon in den 1950er und 1960er Jahren entwickelt wurde: Die humanistische Psychologie war eine Alternative zu den vorherrschenden verhaltens- und psychoanalytischen Theorien. Sie betont die Einzigartigkeit jedes Individuums und dessen Streben nach Selbstverwirklichung. Ihr Einfluss erstreckt sich über die Psychotherapie hinaus auf verschiedene Bereiche, wie zum Beispiel die Pädagogik, indem sie ihren Fokus auf das positive Wachstum und die Entfaltung des menschlichen Potenzials legt. Zentrale Konzepte der humanistischen Psychologie sind Selbstverantwortung, Selbstwahrnehmung, Selbstakzeptanz sowie die Fähigkeit zur persönlichen Entwicklung. Bekannte

Vertreter dieser Richtung sind der amerikanische Psychologe Abraham Maslow (1908 - 1970) der mit seiner Hierarchie der Bedürfnisse den Begriff der „Selbstverwirklichung" prägte[1] und Carl Rogers (1902 - 1987). Letzterer zielte mit seiner personenzentrierten Therapie darauf ab, eine unterstützende und nicht-direktive Umgebung für die jeweilige persönliche Entwicklung zu schaffen. In seinem Werk „On Becoming a Person: A Therapist's View of Psychotherapy" (1961) legte er seine Ideen einer bedingungslosen positiven Wertschätzung und Empathie gegenüber dem Klienten dar, die noch heute viele therapeutische und beratende Ansätze beeinflussen.

Die humanistische Psychologie wird oft als der eigentliche Ursprung des modernen Coachings betrachtet, da sie bereits viele Elemente enthält, die das Coaching später übernommen und weiterentwickelt hat. Im beruflichen Kontext gewann das Coaching in den 1980er Jahren an Bedeutung, weil es eine Möglichkeit zur Persönlichkeitsentwicklung bot, ohne ihren Mandanten den Makel einer möglichen psychischen Erkrankung anzuheften. Im Gegenteil: Coaching konnte sich geschickt als eine Art Fortbildung etablieren und somit alle bestehenden Vorurteile umgehen. Das war eine seiner Stärken. Entscheidender war jedoch, dass Coaching individuell zur Förderung der persönlichen Entwicklung eingesetzt werden konnte.

## Die Anfänge der Selbstverwirklichung

Die eigentlichen Wurzeln des Coachings liegen jedoch im Großbritannien des 19. Jahrhunderts. Ursprünglich bezog sich der Begriff „Coach" auf eine Kutsche, die Personen transportierte. Später nannten sich Nachhilfelehrer, die Schüler durch Prüfungen begleiteten, auch Coaches. Popularität erlangte der Begriff jedoch besonders im Sport, wo er dazu verwendet wurde,

---
[1] dargestellt in seinem Buch „Motivation and Personality" (1954)

einen Trainer oder Mentor zu beschreiben. Mit wachsender Bedeutung des organisierten Sports, besonders im Fußball, begannen die Trainer, ihre Spieler gezielter zu leiten und zu fördern. Diese Art des Mentorings und der Anleitung kann als frühes Beispiel coach-ähnlicher Beziehungen betrachtet werden. Damals entstanden auch bereits erste Formen von Selbsthilfe- und Lebensratgebern, die individuelle Entwicklung und persönliches Wachstum fördern sollten. Einige dieser Werke enthielten Prinzipien, die noch heute im Coaching relevant sind, wie Selbstreflexion und Zielsetzung. Als weltweit erstes Selbsthilfe-Werk gilt „Self Help" von Samuel Smiles (1859). Der Autor betont darin die Bedeutung von Selbstverantwortung, Arbeitsethik und persönlichem Engagement für den individuellen Erfolg. Die Zeit muss damals reif für solche Ideen gewesen sein. Denn obwohl nicht als Selbsthilfe-Ratgeber konzipiert, präsentiert auch das transzendentalistische Buch „Walden" von Henry David Thoreau (1854) philosophische Überlegungen zur Selbstverwirklichung, zum einfachen Leben sowie der Suche nach Sinn. Seine Mischung aus Reflexion, persönlicher Erfahrung und Naturbeschreibungen beeinflusste die Entwicklung von Selbsthilfe-Literatur. Ebenso wie „As a Man Thinketh" von James Allen (1903). Das Werk betont die Kraft der Gedanken und erläutert, wie sie dazu beitragen können, das individuelle Schicksal selbst zu gestalten. All diese Bücher trugen erheblich dazu bei, Ideen und Prinzipien zu verbreiten, die später in der Selbsthilfe-Literatur und in der Entwicklung des Coachings eine große Rolle spielen sollten.

**Mentale Seite der eigenen Leistungsfähigkeit**

Dennoch dauerte es noch fast einhundert Jahre, bis der Begriff „Coaching" verstärkt in diesem Kontext auftauchte. Die eigentliche Institutionalisierung und Professionalisierung des Coachings fanden in den späteren Jahren des 20. Jahrhunderts statt. Wiederum zahlte ein Buch entscheidend darauf ein, Coaching-Prinzipien in einem breiteren Kontext zu popularisieren. „The Inner Game of Tennis" von Timothy Gallwey (1974) wurde zwar für Tennisspieler geschrieben, erlangte aber weit über den Sport hinaus an Bedeutung. Seine zentrale Idee besteht darin, dass Leistungsverbesserung nicht nur durch äußere Anweisungen, sondern vor allem über die Kontrolle und Verbesserung des inneren Selbst, insbesondere des Geistes, erreicht werden kann. Gallwey führt dabei den Begriff des „Inneren Spiels" ein. Darunter versteht er den eigenen mentalen Zustand, der Menschen oft durch Selbstzweifel und innere Kritik mehr hindert als äußere Faktoren. Das Buch enthält auch praktische Techniken, wie die Aufmerksamkeit auf den gegenwärtigen Moment gerichtet werden kann, um die Leistung zu optimieren. Gallwey betont die Bedeutung des Loslassens von übermäßiger Kontrolle und des Vertrauens in die natürlichen Fähigkeiten des Geistes. Durch seinen für die damalige Zeit innovativen Ansatz fand „The Inner Game of Tennis" breitere Anwendung in Bereichen wie Sport, Musik, Geschäft und persönliche Entwicklung. Damit wurde es zu einem Meilenstein in der Geschichte des Coachings, da es einen immensen Anteil daran hatte, die Ideen des „Inner Game" bekannt zu machen und Menschen an den Gedanken heranzuführen, sich verstärkt mit der mentalen Seite ihrer Leistungsfähigkeit auseinanderzusetzen.

In den 1990er Jahren etablierte sich das Coaching endgültig als anerkannte Methode zur persönlichen und beruflichen Entwicklung, wobei verschiedene Ansätze wie Life-Coaching für persönliche Entwicklungsziele und Business-Coaching für berufliche Ziele entstanden. Spezifischer ist die Form des Executive Coachings, das sich an Führungskräfte richtet, um neben ihrer beruflichen Leistung vor allem auch ihre Führungsqualitäten zu verbessern. Alle drei Formen nutzen Coaching-Techniken zur Erreichung individueller Ziele.

## Sieben Coaching-Techniken, die sich in dieser Zeit etabliert haben und mit denen Coaches bis heute erfolgreich arbeiten

1. **Fragen stellen**

   Der Coach stellt offene Fragen, die zur Selbstreflexion anregen und das Verständnis für die eigene Person fördern.

2. **Zielsetzung**

   Gemeinsame Festlegung klarer und erreichbarer Ziele, die den eigenen Fokus stärken.

3. **Feedback**

   Konstruktive Rückmeldungen unterstützen den Coachee (Klienten), seine Fortschritte zu erkennen und sich weiterzuentwickeln.

4. **Aktives Zuhören**

   Der Coach hört aufmerksam zu, um die Bedürfnisse und Herausforderungen seines jeweiligen Coachees wirklich zu verstehen.

5. **Visualisierung**

   Ziele werden durch Vorstellungsvermögen und Visualisierungstechniken greifbar.

6. **SWOT-Analyse**

   Bewertung von Stärken, Schwächen, Chancen und Bedrohungen, um eine fundierte Grundlage für Entscheidungen zu schaffen.

7. **Rollenklärung**

   Insbesondere im Executive Coaching werden die Rollen und Verantwortlichkeiten der Führungskraft klar definiert.

Je nach Ziel des Coachings und individuellen Bedürfnissen variieren diese Techniken.

Das 21. Jahrhundert brachte eine verstärkte Professionalisierung des Coachings mit sich. Es entstanden Zertifizierungsprogramme und Berufsverbände, die erste Standards für die Branche festlegten. Währenddessen wuchs die Vielfalt der Coaching-Ansätze. Heute nutzen sehr viele Menschen Coaching in den verschiedensten Bereichen – von der Unternehmenswelt bis zur individuellen Lebensführung – ganz selbstverständlich, um ihr Wohlergehen und persönliches Wachstum zu stärken. Aber auch für neue Erlebnisse, welche von den Trainern auf großen Bühnen erschaffen werden. Sie bauen Showelemente zur Unterhaltung und zum verständigeren Lernen für ihre Klientel ein.

Einer der Meister dieser Darbietungsform ist heutzutage zweifellos Dirk Kreuter (Jahrgang 1967), der in den vergangenen Jahren immer mehr zu einem Phänomen wurde, indem er als Europas bekanntester Verkaufstrainer Wissen und Erfahrung aus Jahrzehnten seiner Tätigkeit in mitreißender Weise präsentiert und so sehr vielen Menschen einen greifbaren Zugang zu seinen in der Praxis relevanten Erkenntnissen bietet. Er erarbeitete sich einen besonderen Kontakt zu seinem Publikum, das ihn mit seiner sprühenden Energie sowohl online als auch bei vielen Live-Events erleben kann.

Im Laufe der Zeit wurde Dirk Kreuter selbst zum Unternehmer und optimierte dadurch seine Trainingsinhalte. Er ist ein Praktiker, der lebendig und kenntnisreich weitergibt, was er selbst umsetzt. Dabei bleibt er sich stets treu. Sein Publikum kennt ihn seit Jahrzehnten als profunden Verkaufstrainer und honoriert diese Kontinuität mit großer Loyalität. Bei ihm gibt es keine thematischen Sprünge, sondern eine kontinuierliche Weiterentwicklung innerhalb der inhaltlichen Welten, für die er auch heute noch leidenschaftlich brennt. Das eigentliche Kreuter-Phänomen ist die erstaunliche Beständigkeit von Dirk

Kreuter selbst, der eben nicht jeden Trend mitmacht, sondern sich von Anfang an klar positioniert und auf seinem Gebiet eine kenntnisreiche Leistung erbringt, mit der er sein Publikum immer wieder begeistert. Allein dadurch wurde er Europas bekanntester Verkaufstrainer und schuf sich im Laufe der Zeit eine treue Fangemeinde. Keinem anderen Trainer gelang bis heute eine solch gleichbleibende Präsenz auf großen Bühnen.

# 2
# Die Anfänge in Deutschland nach dem Zweiten Weltkrieg

In Deutschland etablierten sich im späten 19. Jahrhundert Ingenieure und technische Experten im weitesten Sinne als erste Unternehmensberater. Ihre Dienstleistungen konzentrierten sich vor allem auf technische und betriebliche Effizienz. Inspiriert von Frederick Taylor unterstützten Berater neuen Stils Anfang des 20. Jahrhunderts Firmen bei der Rationalisierung und effizienteren Gestaltung ihrer Arbeitsprozesse. Daraus entwickelte sich mit der DOG (*Deutsche Gesellschaft für Organisation und Arbeit*) das erste wirkliche Beratungsunternehmen, gegründet 1925 von Fritz Schultze, einem Pionier auf dem Gebiet der Arbeitsorganisation und Rationalisierung. Die Gesellschaft optimierte vor allem betriebliche Abläufe und legte damit den Grundstein für die Organisationsberatung in Deutschland. Nach dem Zweiten Weltkrieg wurde die DOG wegen ihrer Nähe zur nationalsozialistischen Politik aufgelöst.

In der Zeit des sogenannten Wirtschaftswunders ab der Währungsreform am 20. Juni 1948 profitierten auch Unternehmensberatungen von der wachsenden Komplexität der westdeutschen Geschäftswelt. Zunächst jedoch ausschließlich internationale Beratungsfirmen wie *McKinsey*, die in Deutschland schnell Fuß fassten. Erst in den 1960er Jahren gründeten sich deutsche Beratungsfirmen. Eine der ersten und bis heute auch eine der international erfolgreichsten ist die in München ansässige Unternehmensberatung Roland Berger. Mit wachsendem Markt wuchs auch die Nachfrage nach Beratungsdienstleistungen rapide. Mit dem Aufkommen von Informationstechnologie gewann die IT-Beratung an Bedeutung. Firmen wie SAP spielen eine zentrale Rolle in diesem Bereich. Zugleich richteten deutsche Beratungsunternehmen ihre Dienstleistungen verstärkt auf strategische und Managementberatung aus, um schließlich mit Beginn der 1990er Jahre in globalisierten Märkten zu agieren. Heute setzen Firmen weltweit auf externe Expertise, um innovative Lösungen zu finden.

## Die Pioniere Heinz Goldmann und Erich-Norbert Detroy

In den frühen Tagen des Coachings verschwammen noch die Grenzen zur Unternehmensberatung. So auch bei Heinz Meinhardt Goldmann (1919 - 2005). Er stammte aus einer jüdischen Kaufmannsfamilie in Ostwestfalen und floh mit seinen Eltern vor dem Nationalsozialismus aus Bielefeld nach Schweden. Ein Stolperstein erinnert heute an seinen früheren Wohnort und die Flucht der Familie. Nach Ende des Zweiten Weltkriegs zog es Goldmann nach Genf. Dort legte er den Grundstein für seine Karriere als Unternehmensberater und Trainer.

Gleich sein erstes Buch „Wie man Kunden gewinnt", das 1953 bei *Girardet* in Essen erschien, machte Goldmann bekannt. Es entwickelte sich zu einem Standardwerk, wurde in zwanzig Sprachen übersetzt und insgesamt über drei Millionen Mal verkauft. Daraufhin gründete der Kommunikations- und Verkaufsexperte Heinz Goldmann mit dem Unternehmer Curt Abrahamsson 1960 die Unternehmensberatung *Mercuri International*, die heute zur schwedischen Investmentgruppe *Bure Equity AB* gehört. Goldmann selbst konzentrierte sich darauf, Topmanager zu trainieren. Dabei war er so erfolgreich, dass er erst Ende der 1980er Jahre wieder Zeit fand, ein neues Buch zu schreiben, das er 1990 bei *Econ* unter dem Titel „Wie Sie Menschen überzeugen" veröffentlichte. Es folgte 1996 „Erfolg durch Kommunikation". An seinen Bestseller von 1953 konnten beide Werke allerdings nicht anknüpfen. Heute gilt Heinz Goldmann als einer der Pioniere von Training und Coaching in Deutschland.

Der zweite große Pionier ist Erich-Norbert Detroy (Jahrgang 1945). Bevor er zu einem der führenden Management- und Verkaufstrainer im deutschsprachigen Raum wurde, erlernte er zuerst auf dem Bauernhof seiner Großeltern und später auf dem Gemüsemarkt und bei Getreideversteigerungen freundschaftlichen Umgang mit Kunden. Bei der *Daimler-Benz AG* erweiterte Detroy im Pkw- und LKW-Verkauf sein Wissen um das B2C- und B2B-Geschäft. Doch seine Bewunderung galt schon in der Ausbildung zum Industriekaufmann den britischen Consultants, die seine Lehrfirma beauftragt hatte. Er wollte sein wie sie. Dieser Traum sollte in Erfüllung gehen. Denn der Holländer Jan L. Wage, ein berühmter europäischer Pionier des Verkaufstrainings, bot ihm einen Job an. Einen besseren Lehrmeister gab es anscheinend für Erich-Norbert Detroy nicht. Bald wurde der Schüler selbst zum Profi und in Deutschland als jüngster Verkaufstrainer Europas zu einem echten Pionier der jungen aufstrebenden Branche der Trainer und Coaches. Auch Heinz Goldmann gehörte später zu seinen Mentoren. Inzwischen verkauft E.N.D. – das Kürzel, unter dem Erich-Norbert Detroy bekannt ist – seit fast fünfzig Jahren überaus erfolgreich Führungs- und Verkaufstrainings und veröffentlichte insgesamt zehn Fachbücher zu diesem Thema. Die beiden wichtigsten: „Sich durchsetzen in Preisgesprächen und Preisverhandlungen" (1977, inzwischen in der 19. Auflage) sowie „Mit Begeisterung verkaufen" (1994, wie aus Verkäufern Superverkäufer werden). Darüber hinaus brachte Detroy nach eigenen Angaben durch seine Schule zwölf Top-Trainer auf den europäischen Markt und war der Coach sensationeller

Unternehmenskarrieren. Als leidenschaftlicher Skifahrer liebt der Familienmensch aus Beilstein bei Stuttgart die Natur und wäre in seiner Jugend beinahe Landwirt geworden.

## Die Unterscheidung zwischen Coach, Speaker, Berater und Trainer

Wie es bei Pionieren im Allgemeinen üblich ist, hatten Heinz Goldmann und Erich-Norbert Detroy in ihren Anfängen fast vollkommen freie Hand, ihre Tätigkeit zu definieren. Selbstverständlich lernten auch sie in gewisser Weise von Vorgängern – wie im Fall Detroys der Trainer Jan L. Wage (Jahrgang 1929) – und fanden darüber den Einstieg. Dennoch lag vor ihnen ein weitgehend unbestelltes Feld, das viel Platz für eigene Inhalte und Vorgehensweisen bot. Beide machten sich daran, der sich entwickelnden Branche für Berater, Trainer und Coaches ihren Stempel aufzudrücken. Dazu zählten auch Überlegungen, wo Schnittmengen der einzelnen Bereiche lagen und an welchen Stellen sie gegeneinander abgegrenzt werden sollten. Denn schon die Sprache verdeutlicht: Berater, Trainer und Coaches sind nicht deckungsgleich, selbst wenn viele Berater sich auch gleichzeitig als Trainer und Coaches verstehen. Spätestens mit dem Hinzukommen der Speaker wurde die Branche allmählich unübersichtlich.

*Eine kurze Unterscheidung nach heutigen Gesichtspunkten*

1. **Berater**

   Berater erarbeiten auf Grundlage spezifischer Fachkenntnisse Lösungen für Kunden und bieten konkrete Handlungsempfehlungen.

2. **Coach**

Ein Coach unterstützt Personen dabei, ihre Ziele zu identifizieren und Strategien für die Zielerreichung zu erarbeiten. Sein Fokus liegt auf der individuellen Entwicklung von Coachees und deren Selbstreflexion. In Gesprächen fördert er persönliches Wachstum.

3. **Trainer**

Trainer bieten Schulungen und praktische Anleitungen zur beruflichen Entwicklung. Ziel ist die Erlangung und Verbesserung von Fähigkeiten sowie die Leistungssteigerung.

4. **Speaker**

Ein Speaker konzentriert sich auf die Vermittlung von Informationen oder Inspiration durch öffentliche Reden vor einem Publikum anlässlich von Konferenzen oder Seminaren. Ziel ist es, Teilnehmer zu informieren, zu motivieren und zu unterhalten.

Doch die Gliederung der Branche in diese vier unterschiedlichen Bereiche entwickelte sich erst im Laufe der Zeit und kann nicht auf einen bestimmten Zeitpunkt zurückgeführt werden. Die Aufteilung hat sich organisch durch die sich zügig verändernden Anforderungen an die berufliche und persönliche Entwicklung in der Arbeitswelt, aber auch im Privatleben ergeben. Eine Spezialisierung der professionellen Berater war bald unvermeidlich. Zum einen war auf diese Weise schneller Bekanntheit zu gewinnen, zum anderen konnte durch beste Fachkenntnisse die zunehmende Konkurrenz erfolgreich aus dem Feld geschlagen werden. Die zweite und dritte Generation der Berater, Trainer, Coaches und Speaker betrat die Bühne schon mit klaren thematischen Vorstellungen und war für den anstehenden Wettbewerb bestens gerüstet.

## Die zweite und dritte Generation: Bodo Schäfer, Jürgen Höller, Vera Birkenbihl und Uwe Böning

Der Naturwissenschaftler Isaac Newton (1643 - 1727) schrieb einst, er habe auf den Schultern von Giganten gestanden, ohne die sein eigenes Werk nie möglich gewesen wäre. Ähnlich könnten es die Berater, Trainer, Coaches und Speaker ausdrücken, die den Pionieren in Deutschland nachfolgten. Das Interesse des Publikums war bereits geweckt, es bedurfte keiner langen Erklärungen mehr, was sie zu bieten hatten. Das Einzige, was sie machen mussten war – noch einen draufzusetzen. Und genau das taten sie. Es entstanden die ersten Massenveranstaltungen und das Wort „Motivationstrainer" war bald in aller Munde. Die Branche bekam ihre ersten Stars und gewann dadurch nicht nur erheblich an Glamour, sondern auch an Zulauf. Die Menschen strömten zu den neuen Gurus und rissen ihnen ihre Bücher förmlich aus den Händen. Die Berater- und Trainerzunft erlebte ihren ersten Hype.

### Der Wegbereiter

Die breite öffentliche Wahrnehmung setzte mit Bodo Schäfer (Jahrgang 1960) ein. Selbst wer nichts von ihm las oder keine seiner Veranstaltungen besuchte, kam um seinen Namen kaum herum. Der Mann war seit den 1990er Jahren nicht nur ein aufgehender Stern in der Szene, er prägte als erster auch den Begriff des Erfolgstrainers. Zudem war er derjenige, der Finanzthemen erfolgreich der breiten Bevölkerung näherbrachte. Vor Schäfer hatte kaum ein Arbeiter oder Angestellter daran gedacht, sein Geld anders als auf einem traditionellen Sparbuch anzulegen. Er eröffnete Deutschland eine neue Perspektive: Geld könne dazu genutzt werden, um noch mehr Geld zu generieren. Mit seinen einfachen und praxisnahen

Erklärungen sprach er eine breite Masse an und machte finanzielle Bildung für viele zugänglicher. Eine Zeitlang galt er als der Mann der Stunde.

Sein Bestseller „Der Weg zur finanziellen Freiheit", der 1998 erschien, machte Schäfer einem breiten Publikum bekannt. Er inspirierte viele Leser durch praktische Finanztipps und Lebensweisheiten, die er mit klugen Ratschlägen verband. Damit entwickelte er sich zu einem einflussreichen Akteur in der Trainergemeinschaft. Zwei Jahre später folgte mit „Ein Hund namens Money" (2000) ein ungewöhnliches Werk, das speziell jüngere Leser und Familien ansprach. Schäfer erzählte darin die Geschichte eines Mädchens, das durch einen sprechenden Hund finanzielle Verantwortung und den klugen Umgang mit Geld lernt. Dieses Buch war nicht nur eine kreative Abweichung von seinem bisherigen Stil, sondern auch eine strategische Erweiterung seiner Zielgruppe. Schäfer öffnete damit ein neues Kapitel, indem er Kinder frühzeitig an Finanzthemen heranführte und gleichzeitig das Bewusstsein für die Bedeutung von Geldbildung in Familien stärkte.

Mit „Die Gesetze der Gewinner" (2003), „Wohlstand oder Stress" (2005) und „Leading Simple" (2007) folgten weitere Werke, die den Ruhm von Bodo Schäfer festigten und ihn als führenden Trainer und Autor seiner Zeit etablierten.

Hier zeigt sich bereits eine Gesetzmäßigkeit, der die ersten Stars der Berater- und Trainerszene allesamt unterlagen: Es gibt einen Lebenszyklus von wenigen Jahren für ihre jeweiligen Themen. Er wird meist mit einem Buch gezündet, entwickelt sich durch ein zweites Buch nach vorne, wird zum Hype mit einem Massenpublikum, kann dann eine Weile mit Hilfe vieler Auftritte und weiterer Bücher gehalten werden, um schließlich abzuflauen und sich mit einem letzten Buch, das kaum noch gelesen wird, zu verabschieden. Heute allerdings erlebt Schäfer ein fulminantes Comeback. Extrem aktiv in den sozialen Medien ist er aktuell weit davon entfernt, in Vergessenheit zu geraten. Seine Accounts wachsen zunehmend und Bodo Schäfer wird mehr denn je als Experte nachgefragt. Er erreicht sozusagen gerade seinen zweiten Lebenszyklus.

**Der Motivationstrainer**

Zeitgleich mit Bodo Schäfer startete Jürgen Höller (Jahrgang 1963). Auch er wurde bald zum Star und faszinierte ein Massenpublikum. Als Autor, Motivationstrainer und Unternehmer beschäftigte er sich neben Motivation auch mit Persönlichkeitsentwicklung. Sein Buch „Sprenge deine Grenzen" (1998) wurde ein Bestseller. In zahlreichen Seminaren und Veranstaltungen gewann er seine Anhänger durch seine energetische und inspirierende Art. Auch in den letzten Jahren schrieb er im regelmäßigen Rhythmus neue Bücher: „Vitamine für die Seele" (2011) sowie „Denken - Handeln - Wohlstand" (2019). Im Jahr 2016 kürte ihn *Focus* zum Top-Coach. Bereits 1999 landete er auf Platz 404 des Rankings der „500 wichtigsten Deutschen" der Zeitschrift *Bunte*.

Jürgen Höller vertritt in seinen Seminaren die Ansicht, dass Menschen fast alles in ihrem Leben erreichen können, solange sie selbst daran glauben, über das richtige Fach- und Persönlichkeitswissen verfügen sowie in die Umsetzung kommen. Zu seinen Techniken gehören positives Denken, NLP, Hypnose, Mentaltraining und Autosuggestion. Bekannt geworden ist er auch dafür, dass er Teilnehmer seiner Seminare über glühende Kohlen und spitze Glasscherben laufen lässt.

Höllers eigener Berufsstart war zunächst alles andere als erfolgreich. Nach einer Ausbildung zum Speditionskaufmann gründete er mit 19 Jahren ein Fitnessstudio, das drei Jahre später kurz vor der Pleite stand. Daraufhin schulte er sich selbst mit Coaching-Literatur und Seminaren, um anschließend mit Partnern ein neues Fitnessstudio zu gründen. Parallel begann er, andere Unternehmen im Bereich Fitness zu beraten und gründete dafür zusätzlich eine Unternehmensberatung. Diesmal war Jürgen Höller so erfolgreich, dass er 1991 zum „Unternehmer des Jahres" gewählt wurde. Angetrieben von seiner eigenen Leistung verkaufte er sein Unternehmen und wurde Motivationstrainer. Seinen ersten Motivationstag veranstaltete er 1996 mit 200 Teilnehmern – vier Jahre später kamen zu jeder seiner Veranstaltungen 10.000 Personen, darunter Spitzensportler, Politiker und Künstler. Jürgen Höller war der erste Trainer in Deutschland, der große Hallen füllte.

Auch im Profifußball machte sich Jürgen Höller einen Namen. Als bundesweit erster Mentalcoach unterstützte er den Bundesligisten *Bayer 04 Leverkusen* und verhalf dem Verein zu einem Start im internationalen Fußballgeschäft. Sein eigener Aufstieg wurde dagegen jäh gestoppt. Als die Blase der sogenannten New Economy zur Jahrtausendwende platzte, geriet er in einen Abwärtstaumel. Er wollte sein Unternehmen an die Börse bringen und landete stattdessen 2003 nach einigen fatalen Fehlern unter anderem wegen Unterschlagung im Gefängnis. Doch nach seiner vorzeitigen Entlassung wegen guter Führung startete Höller bereits 2004 ein legendäres Comeback. Allerdings baute er es auf einem radikalen Verzicht seiner Gläubiger auf. Sie erließen ihm Schulden in Millionenhöhe. Heute spricht zwar keiner mehr darüber, aber letztlich schädigte Jürgen Höller viele Menschen, um selbst wieder auf die Beine zu kommen.

Heute tritt er nur noch für die *Jürgen Höller Academy* auf und gilt als Europas erfolgreichster Mentaltrainer. Im Dezember 2018 strahlte die *ARD* eine 75-minütige Reportage über „Jürgen Höller - Der Motivationstrainer" aus.

**Der Kritiker**

So viel Glamour und Erfolg ruft Kritiker auf den Plan. Einer der ersten war Uwe Peter Kanning (Jahrgang 1966). Mit seinem Buch „Wie Sie garantiert nicht erfolgreich werden! Dem Phänomen der Erfolgsgurus auf der Spur" (2007) hinterfragt der Psychologe für Wirtschaftspsychologie die Methoden der Erfolgsgurus, die wie Popstars oder Sektenführer gefeiert werden. Kanning setzt sich umfassend mit diesem Phänomen auseinander, analysiert Lebensläufe, Strategien sowie Erfolge. Sein Fazit: „Das Buch ist ein Lehrstück über Verführung und Dummheit, über Skrupellosigkeit und die große Sehnsucht nach dem leichten Leben." Uwe Kanning, der sich um die Aufklärung über Pseudowissenschaften in der Personalauswahl und im Personalmanagement verdient gemacht hat, beschäftigt sich aus wissenschaftlicher Sicht kritisch mit neurolinguistischer Programmierung und Coaching. Für seine Aufklärungsarbeit wurde er in den Kreis der 40 führenden Köpfe des *Personalmagazins* gewählt.

**Edutainment**

Ein ganz anderes Kaliber war Vera Felicitas Birkenbihl (1946 - 2011). Sie verband die wissenschaftliche Expertise ihres Psychologie- und Journalismus-Studiums mit einem unkonventionellen und unterhaltsamen Vortragsstil. Damit entwickelte sie sich ab den 1970er Jahren zu einer gefragten Managementtrainerin und Vortragsrednerin, die den neuen Begriff des „Edutainment" prägte. Ihre Themen umspannten gehirngerechtes Lernen, Kommunikation und Persönlichkeitsentwicklung. Wissen und Erfahrung von Vera Birkenbihl flossen in zahlreiche Bücher ein, in denen sie sich mit effektivem Lernen, Kommunikationstechniken und persönlicher Weiterentwicklung befasste, darunter „Stroh im Kopf?" (1991), „Kommunikationstraining" (1975), „Signale des Körpers. Körpersprache verstehen" (1985) oder „Psycho-logisch verhandeln: Professionelle Verhandlungstechniken" (2007).

Ein besonderer Schwerpunkt in Birkenbihls beruflichen Wirken waren spielerische Wissensvermittlung und entsprechende Lernstrategien. Ihr ab Ende der 1990er Jahre vermarktetes Lernkonzept verheiße, Sprachen ohne das Pauken von Vokabeln zu erlernen, erklärte Vera Birkenbihl.

### Lernkonzept in vier Schritten

1. Erarbeiten eines fremdsprachlichen Textes durch Wort-für-Wort-Übersetzungen

2. Aktives Hören des fremdsprachlichen Textes mit gleichzeitigem Lesen der Wort-für-Wort-Übersetzung

3. Passives Hören des fremdsprachlichen Textes im Alltag, während man anderen Tätigkeiten nachgeht

4. Sprechen - Lesen - Schreiben, je nach verfolgtem Lernziel

Im Jahr 2008 wurde sie von der *German Speakers Association* in die Hall of Fame aufgenommen. Zwei Jahre später erhielt sie für besondere Leistungen und Verdienste den Coaching Award. Das Erbe von Vera Birkenbihl besteht aus innovativen Denkansätzen sowie Methoden zur Förderung des Lernens und der persönlichen Entwicklung. Für ihre neuartigen Lehrmethoden gründete sie das *Institut für gehirn-gerechtes Arbeiten*. Bis zum Jahr 2000 hatte Birkenbihl zwei Millionen Bücher verkauft. Selbst zehn Jahre nach ihrem Tod verkauften sich ihre Bücher in Deutschland 2021 jeden Monat im vierstelligen Bereich.

**Der Professionalisierer**

Eine neue Branche schafft Goldgräberstimmung. Da es anfänglich noch keine verbindlichen Standards gibt, geschweige denn eine Ausbildung, kann jeder erfolgreich sein, der es schafft, genügend Anhänger hinter sich zu versammeln. Die Inhalte sind gar nicht so wichtig, solange sie gut klingen und das Blaue vom Himmel versprechen. Sehr viele Menschen sind gerne bereit, daran zu glauben, dass auch sie mit wenig Aufwand besonders erfolgreich sein können. Für einen, der aktiv von diesem Traum mit ihnen träumt, bezahlen sie einen Haufen Geld. Es könnte ja tatsächlich funktionieren. Schließlich will man doch nichts unversucht lassen. Heißt es nicht: Das Geld liegt auf der Straße? So mancher Erfolgs- und Motivationstrainer hat es auch aufgehoben. Doch die meisten der Teilnehmer sind in ihrem Leben nicht einen Schritt vorangekommen. Dafür hatten sie aber zumindest eine gute Zeit bei der Veranstaltung des Erfolgstrainers ihrer persönlichen Wahl.

Doch auf Dauer haben Trainer mit markigen Sprüchen, wohlklingenden Buchtiteln, glanzvollen Shows und vollmundigen Auftritten der Branche, die durch sie zunächst jede Menge Glamour und Aufmerksamkeit gewonnen hat, einen Bärendienst erwiesen. Denn irgendwann begriff auch der dümmste Teilnehmer, dass die angepriesenen Methoden nicht ganz richtig sein können, wenn wirklich keiner, den er auf den besuchten Veranstaltungen kennenlernte, erfolgreich wurde. Irgendetwas stimmte nicht. Zuerst dachte natürlich jeder, es liege an ihm selbst. Doch dann lud sich der Frust auf den Schultern der Trainer ab, die viel versprachen und wenig hielten. Kritiker wie Uwe Kanning trugen mit ihrer Aufklärungsarbeit dazu bei, die Spreu vom Weizen zu trennen. Die gesamte Branche geriet in Verruf. Menschen wollten zwar weiterhin an die Heilsversprechen der Gurus in der Szene glauben, aber sie konnten es nicht mehr. Zu schlecht war die Bilanz der von ihnen selbst hochgejubelten Stars. Die Branche erlebte ihren ersten Einbruch. Das war besonders bitter für die seriösen Anbieter, die ihren Mandanten mit wissenschaftlicher Expertise und harter Arbeit ein selbstbestimmtes, erfolgreiches Leben frei von Zweifeln und Unsicherheiten ermöglichen wollten.

Zu ihnen gehörte Uwe Böning (Jahrgang 1947). Der Managementberater und Autor gilt als einer der Pioniere des Business-Coachings. Nach seinem Studium der Psychologie, Philosophie und Soziologie arbeitete er zunächst in einer eigenen Praxis. Ab 1979 war er Führungskräfte-Trainer für zwei Münchner Beratungsunternehmen. Seit 1984 ist er als Managementberater und Coach tätig. Zusammen mit Brigitte Fritschle gründete er im selben Jahr die heutige Managementberatung *Böning-Consult* in Frankfurt am Main. Von 1992 bis 1995 war er parallel Direktor Personal bei *Bosch-Siemens Hausgeräte* in München.

Besonders macht Böning sein Einsatz für die Professionalisierung der gesamten Branche der Coaches, Berater und Trainer. So gehörte er gemeinsam mit Brigitte Fritschle und Jörg Wirtgen zu den Begründern der *European Coaching Company* (E.C.C.), die von 2005 bis 2015 eine Ausbildung zum Business-Coach international anbot. Zudem hat er gemeinsam mit Christopher Rauen den *Deutschen Bundesverband Coaching* (DBVC) initiiert, dessen Vorstandsvorsitzender er von 2004 bis 2006 war. Außerdem veranstaltet er mit Brigitte Fritschle und Siegfried Greif die Ekeberger Coaching-Tage. Die inzwischen renommierte Fachkonferenz zu aktuellen Themen der Coaching-Branche findet seit 2008 jährlich in dem Schleswiger Ort Ekeberg statt und dient dem Austausch von Wissenschaft und Praxis der weiteren Professionalisierung.

Darüber hinaus beschäftigt sich Uwe Böning wissenschaftlich neben den Persönlichkeitseigenschaften deutscher Führungskräfte vor allem auch mit der Erfolgsmessung von Coaching. Ein weiterer Baustein, der Mandanten mehr Vertrauen in die Branche gibt. Seine Ergebnisse hat er in verschiedenen Büchern publiziert, unter anderem „Coaching jenseits von Tools und Techniken" (2015), „Coaching fürs Business: Was Coaches, Personaler und Manager über Coaching wissen müssen" (2008), „Ergebnisse der Coaching-Forschung. Aktuelle Studien" (2015) sowie „Zur Zukunft des Business-Coachings" (2022). Sein Ziel war es immer, „die Kompetenzen der Studienschwerpunkte Psychologie, Philosophie und Soziologie in praktische Arbeit umzusetzen und dabei sinnhafte, seriöse Arbeit mit Menschen in Unternehmen zu leisten, um Entwicklung und Leistungsentfaltung als positive Herausforderungen zu ermöglichen". Besser lässt sich die Aufgabe von Coaching und Training wahrlich nicht zusammenfassen.

**Wie die vierte Generation den Markt verändert: Alex Fischer, Hermann Scherer, Alexander Christiani und Dirk Kreuter**

Nachdem die Trainerbranche erste Höhepunkte und Herausforderungen durchlebt hatte, reifte sie und etablierte sich. Die vierte Generation hatte vor allem die Aufgabe, den bestehenden Markt mit den inzwischen über Jahrzehnte entwickelten Instrumenten zu kombinieren, um Mandanten echten Mehrwert zu bieten. Zugleich musste sie den Übergang ins 21. Jahrhundert bewältigen und auf die stark veränderten beruflichen und privaten Bedürfnisse reagieren. Ein entscheidender Vorteil: Diese Generation ließ sich selbst coachen und lernte so ihre Mentoren und Vorbilder hautnah kennen. Die *Wirtschaftswoche* schrieb: „Manche von ihnen haben es zu kleinen Stars gebracht. Gewiss, Millionen von Deutschen haben noch nie etwas von ihnen gehört. Doch für wenige sind sie zu etwas wie Priester oder Gurus geworden."

**Vom Bettler zum Speaker**

Einer dieser „Priester" oder „Gurus" ist Hermann Scherer (Jahrgang 1964). Als gelernter Einzelhandelskaufmann unterstützte er seinen Vater bei der erfolgreichen Gründung eines Lebensmittelgeschäfts – und erkannte bald ein Manko der eigenen Persönlichkeit: Betriebswirtschaftliche Kennzahlen lagen ihm, der Umgang mit Mitarbeitern nicht. Aufmerksam geworden durch einen Bestseller des legendären US-amerikanischen Kommunikations- und Motivationstrainers Dale Carnegie (1888 - 1955), besuchte er den Kurs „Kommunikation und Menschenführung" nach der Carnegie-Methode. Scherer war begeistert und überzeugte auch seinen Trainer. Der half ihm, in der Trainerbranche Fuß zu fassen. Scherer absolvierte eine Trainerausbildung, um anschließend zuerst als Trainer und schließlich als Ausbilder in ganz Europa unterwegs zu sein. Er erkannte, wie sehr ihm die Reflexion und die harte Arbeit an sich selbst halfen, Schwächen in Chancen zu verwandeln – eine Erfahrung, die er unbedingt weitergeben wollte. Doch sein Leben nahm eine abrupte Wende: Sein Vater hinterließ ihm einen Schuldenberg von fünf Millionen Mark aus gescheiterten Immobilienspekulationen. Sein Bankberater errechnete, dass er 137 Jahre benötigen würde, um die Schulden abzutragen – eine untragbare Aussicht. Mit 33 Jahren entdeckte er 1997 daher die Speaker-Branche, in der er eine hohe Vergütung für vergleichsweise wenig Aufwand sah.

Zunächst war Hermann Scherer der Meinung, ein Speaker sei weniger wertvoll für die Menschen als ein Coach. Dann bemerkte er allerdings, dass er einer viel größeren Zahl von Menschen eine Inspiration vermitteln kann. Seine finanziellen Probleme waren damit aber noch nicht gelöst. Als er eines Tages Fernsehaufnahmen für eine Sendung mit Hans Meiser (1946 - 2023) machen sollte, stellte er bei Probeaufnahmen fest, dass seine Anzughose sehr weit nach oben rutschte und er deshalb Kniestrümpfe benötigte, um nicht mit nackten Beinen vor der Kamera zu sitzen. Geld für ein neues Paar hatte er allerdings keines. Kurzerhand setzte sich Scherer in Hürth vor einen Supermarkt und bettelte, bis er neue Socken bezahlen konnte. Ein prägender Moment für sein Leben. Bis heute leidet Scherer nach eigenen Angaben manchmal noch unter Existenzangst, obwohl er mit einem jährlichen Umsatz von rund zwölf Millionen Euro finanziell längst abgesichert ist.

Aus den Schwierigkeiten seines Lebens entwickelte Scherer ein Erfolgskonzept. Es ist zu seiner Mission geworden, „Menschen zu Marken zu machen, damit sie einen Logenplatz im Kundenkopf erobern". Seine Erfolgszahlen: Mehr als 3.000 Vorträge vor rund einer Million Menschen in über dreißig Ländern, fünfzig Bücher in 18 Sprachen, 9.000 Hotelübernachtungen, mehr als 30 erfolgreiche Firmengründungen und einen Umsatz von fünfzig Millionen Euro. Hinzu kommen Forschung und Lehre an 18 europäischen Universitäten. Das *Handelsblatt* urteilte über das Urgestein der deutschsprachigen Speakerszene: „Sätze wie in Stein gemeißelt – für solche ist Hermann Scherer bekannt und deshalb nicht zuletzt als Referent so beliebt." Hermann Scherer hat die Branche der Speaker nicht nur nachhaltig geprägt, er hat sie mit aufgebaut. Vor ihm gab es nur Vortragende und Redner. Mit Wissen, Rhetorik und Charisma fesselte Scherer das Publikum von Anfang an. Seine Leistung besteht darin, Menschen Informationen schmackhaft zu machen. Ob sie etwas damit anfangen können, ihr Leben verändern und erfolgreich gestalten, liegt nicht in seiner Verantwortung. Dass Wandel grundsätzlich möglich ist, hat er in seinem eigenen Leben bewiesen. Ihm verdankt die Zunft der Trainer, Berater und Speaker ihre Bereicherung um den perfekten Auftritt, der das Publikum nicht nur mit Wissen versorgt, sondern auch von den Stühlen reißt. Und ganz nebenbei hat er natürlich die alten Schulden seines Vaters längst abbezahlt.

## Vom Vertriebscoach zum Geschichtenerzähler

Die Währung unserer Zeit heißt Aufmerksamkeit. Wie bekommen wir die größte Aufmerksamkeit? Indem wir Geschichten erzählen. Das tun wir seit tausenden von Jahren. Meist sprechen wir über Klatsch und Tratsch. Denn für den Zusammenhalt von Gruppen ist es viel wichtiger zu wissen, wer mit wem zusammen ist und wer wen nicht leiden kann, als über einen zufällig herum streunenden Löwen informiert zu werden. Klingt kurios, hat sich aber bewährt.[2] Deshalb verwundert es nicht, dass die Unternehmer mit den besten Geschichten ihren jeweiligen Markt dominieren. Doch wie erzählt man seine Geschichte am besten? In der heutigen Zeit sicher nicht mehr am Lagerfeuer.

Alexander Christiani (Jahrgang 1958) coacht Unternehmer, Freiberufler und Selbstständige, um ihre Business-Kommunikation zu einer klaren Botschaft in einer spannenden Geschichte zu verdichten. In seinem „ersten Leben", wie er selbst schreibt, war der Schweizer Vertriebscoach und begleitete nach eigenen Angaben mehrere Hundert der besten Verkäufer, unter anderem von *Allianz*, *Bertelsmann* und *Commerzbank*, in ihrer Branche bei ihren Kundengesprächen. Dabei erkannte er: Top-Verkäufer erzählen Geschichten. Er machte sich daran, diese Erkenntnis auf die Marketing-Kommunikation zu übertragen. Und siehe da: Selbst mittelmäßige Geschichten wirkten auf Kunden immer noch besser als typische Marketing-Versprechen.

Darauf baut Christiani fortan sein eigenes Unternehmen auf, das er *Christiani StoryMarketing* nennt. Sein Renommee wächst schnell. Das belegt unter anderem eine Aussage von Bodo Schäfer: „Mein gesamtes Positionierungs-Know-how verdanke ich im Wesentlichen Herrn Christiani." Seine Hauptaufgabe sieht der Coach nach wie vor darin, die „Business-

---

[2] vgl. Yuval Harari, „Eine kurze Geschichte der Menschheit" (2015)

Kommunikation von Unternehmern und Unternehmen mit Story-Skripten zu einer glasklaren Botschaft in einer spannenden Geschichte zu verdichten".

Die Branche der Berater, Trainer, Coaches und Speaker diversifiziert also mehr und mehr. Nicht so sehr breites Wissen und einen Bauchladen voller Angebote erwarten die Mandanten, sondern eine punktgenaue Spezialisierung, um die Herausforderungen ihres beruflichen Alltags zu lösen. Mehr Umsatz, schnelleres Wachstum – so lauten die Erwartungen an die Branche, die zusätzlich von den großen Versprechungen der Trainer befeuert werden. Es geht – und das ist neu – um die Erreichung klarer wirtschaftlicher Ziele.

**Der rote Faden einer langjährigen Laufbahn**

Einer, der diesen Trend schon sehr früh erkannte, ist Dirk Kreuter. In seiner steilen Karriere durchlief er praktisch die komplette Branche der Berater, Trainer, Coaches und Speaker. Heute nennt er sich Mentor und hat die Spitze der Zunft erreicht. Nicht nur beruflich, sondern auch symbolisch. Dirk Kreuter residiert im 97. Stock des *Burj Khalifa* und schaut von dort aus hinunter auf die Skyline von Downtown Dubai. Um es bis dorthin zu schaffen, lernte er von den Besten. Angefangen bei seinen Kollegen von *TriSport*, die dem gelernten Groß- und Außenhandelskaufmann vormachten, wie man als freier Handelsvertreter Geld machte. Das funktionierte ganz gut, nur dass seine Kunden meist wenig Fachexpertise zu seinen Produkten hatten, die sie in ihren Geschäften verkauften. Also begann Dirk Kreuter damit, kostenlose Schulungen in den Geschäften bei seinen Kunden zu seinen Produkten anzubieten, um seinen Umsatz durch wachsende Kompetenz zu steigern. Das brachte nicht nur Geld ein, sondern machte ihm auch Spaß. Zumal seine Kunden begeistert waren. So entwickelte er sich zum Verkaufstrainer. Im Jahr 1994 absolvierte Kreuter eine

Trainerausbildung. Danach schulte er mehrmals Mitglieder der *Industrie- und Handelskammer*. Als er schließlich über einen Geschäftspartner von *Sony Deutschland* gebucht wurde und vor einer Gruppe von 68 Teilnehmern sprach, wusste er: „Das will ich zukünftig machen." Kreuter erinnert sich: „Nach jedem meiner Trainings bekam ich ein Feedback, das mich auf Wolke sieben schweben ließ."

Doch das war erst der Anfang. Nach seiner Trainerausbildung schnupperte Dirk Kreuter, motiviert von seinem Mentor Rolf Nievergelt (1948 - 2017), in die Verbandsarbeit beim *Berufsverband für Training, Beratung und Coaching e.V.* (BDVT) in Köln hinein. Dadurch öffnete sich ihm 2001 die Tür in den exklusiven *Club 55*, in dem sich hochkarätige Koryphäen aus den Fachbereichen Marketing, Sales und Management regelmäßig trafen. „Dort lernte ich die Urgesteine des Verkaufstrainings, wie Heinz Goldmann, kennen." Da Dirk Kreuter nach eigener Aussage einer der ersten Verkaufstrainer war, der über eine eigene Internetseite verfügte, hielt er im *Club 55* einen Vortrag zum Thema „Internet für Trainer". Das machte Eindruck in dem Old-Boys-Network. „Ich gewann einen richtig guten Freund: Erich-Norbert Detroy", sagt Kreuter. Doch letztlich war auch der *Club 55* nur eine Zwischenstation für Dirk Kreuter. Er wollte schon damals höher hinaus. „Mein Ziel war es, Marktführer zu werden."

Der Weg führte über eine Änderung seines Geschäftsmodells. Seinerzeit arbeitete Dirk Kreuter nur direkt für vier Organisationen, von denen er regelmäßig gebucht wurde. Im Jahr 2009 bot er dann erstmals offene Seminare an, bei denen mehrere hundert, im Idealfall mehrere tausend Teilnehmer, erreicht werden sollten. Zunächst lehnte Dirk Kreuter diese Form des Verkaufstrainings als zu unpersönlich ab, weil er in seiner Trainerausbildung auf Kleingruppen konditioniert wurde. Doch dann erkannte er die Möglichkeiten für seine Sichtbarkeit. Im Jahr 2012 kamen bereits 300 Teilnehmer in jedes seiner Seminare. Drei Jahre später waren es schon zwischen 1.000 und 2.000 Teilnehmer. Schließlich stellte Dirk Kreuter mit seinem Team 2018 in der *Dortmunder Westfalenhalle* den Weltrekord für das größte abgehaltene Verkaufstraining auf. Offiziell wurden 5.400 Teilnehmer gezählt.

Dann kam das Online-Geschäft. Ein absoluter Gamechanger für Dirk Kreuter. Plötzlich erreichte er neue Zielgruppen und der zusätzliche Absatzkanal multiplizierte den Verkauf seiner „Vertriebsoffensive" um ein Vielfaches. „Die Kombination aus Hunger und Vertrauen, gepaart mit der Bereitschaft, Geld zu investieren, um viel mehr Geld zu verdienen, brachte uns immense Erfolge ein", erinnert er sich rückblickend. Die Digitalisierung kam genau zum richtigen Zeitpunkt seiner Karriere. Er stieg voll ein und schaltete bereits 2019 mehr Online-Werbung als *Coca-Cola* und *Mercedes-Benz* auf *Facebook* in Deutschland.

Damit wandelte sich aber auch die Rolle von Dirk Kreuter. Er wurde vom Verkaufstrainer zum Vorbild. Ein tiefgreifender Einschnitt, der natürlich auch von der Branche der Berater, Trainer und Coaches sehr genau wahrgenommen wird. Denn dieser Sprung ist eine klare Weiterentwicklung der bisherigen Praxis. Der Berater, Trainer oder Coach wird zum Mentor und arbeitet nicht nur intensiver mit seinem Mandanten, sondern auf einer Grundlage, die ihm weitaus mehr Möglichkeiten der Einflussnahme bietet. Das kann Fluch und Segen zugleich sein – je nachdem, wie der Mentor mit dieser ihm verliehenen Macht über einen Menschen umgeht.

Für Dirk Kreuter steht die Verantwortung an erster Stelle, die er für Menschen übernimmt, die ihm vertrauen. Weil das im Laufe der Zeit immer mehr wurde und jeder Einzelne seine Nähe suchte, um Dinge zu besprechen, die sie nicht in einem Saal mit mehreren hundert Teilnehmern fragen wollten. Einige fragten direkt nach seiner Handynummer. Die Geburtsstunde des Mentors Dirk Kreuter. Zunächst erweiterte er sein Angebot um eine Seminar-Flatrate und vier interne Treffen pro Jahr. Daraus formte Dirk Kreuter ein Netzwerk aus hochkarätigen Unternehmern. Selbstverständlich erhielten die handverlesenen Mitglieder auch die ersehnte Handynummer. Zu Beginn war das Netzwerk eher ein elitärer Zirkel, der zunächst sechs, dann elf Mitglieder umfasste. Doch die Idee kam an und entwickelte schnell eine Dynamik.

Das Besondere an dem heutigen *Jetstream*-Netzwerk ist der inhaltliche Input, den die Teilnehmer erhalten. Prominente Gäste aus Wirtschaft, Politik und Unterhaltung – beispielsweise Torhüter und Unternehmer Oliver Kahn, Designer Philipp Plein, Unternehmer Wolfgang Grupp, Schauspieler Til Schweiger und Ex-*Bild*-Chef Kai Diekmann – geben Einblicke in ihre Gedankenwelten und stehen für Fragen zur Verfügung. Vor allem aber tauschen sich die Teilnehmer untereinander aus. „Da ist für jeden der richtige Gesprächspartner dabei", schwärmt Dirk Kreuter. In diesem exklusiven Kreis bekommt jeder eine Bühne und damit die Chance, sein Unternehmen vorzustellen. Derzeit sind vor allem Deutsche, Österreicher und Schweizer vertreten. Geplant ist eine Internationalisierung mit einer englischsprachigen Gruppe, um die Qualität des Netzwerkes auszuweiten.

Die Ausgestaltung dieses Netzwerks erinnert ein wenig an den *Club 55*, dessen Mitglied Dirk Kreuter zu seinen Anfangszeiten war. Auch dort gab es prominente Gäste, die über die damals wichtigen Themen sprachen. Zu ihnen gehörten unter anderem Reinhold Würth, Inhaber und Chef des gleichnamigen Schraubenimperiums, *Red Bull* Gründer Dietrich Mateschitz sowie Herbert Hainer von *adidas*. Jeder von ihnen hielt einen Vortrag, in dessen Anschluss die Mitglieder des *Club 55* ihnen Fragen stellen durften. Und ebenfalls konnten ausgewählte Teilnehmer eigene Vorträge halten, um auf sich aufmerksam zu machen. Die Parallelen sind deutlich und sprechen dafür, dass Dirk Kreuter nicht nur immer wieder Ideen aus seinem

Berufsleben aufgegriffen hat, sondern insgesamt in seiner langjährigen Laufbahn einen roten Faden verfolgt, der seinen Teilnehmern viel Wissen und noch mehr Erfahrung beschert und ihm selbst ungeheuren persönlichen und wirtschaftlichen Erfolg bringt. Offiziell hat er verkündet, einen Auftragseingang im Wert von 100 Millionen Euro anzustreben. Das wäre sicherlich ein Rekord in der Branche der Berater, Trainer und Coaches, der die gesamte Szene auf ein neues Level katapultieren dürfte. Nebenbei macht ihn das endgültig zum Dirk Kreuter-Phänomen.

# 3
# Der Markt heute

Ein Ehepaar gibt sein alteingesessenes Papierwarengeschäft in einem vornehmen Hamburger Stadtteil auf, um sich als Coaches selbständig zu machen. Kein Einzelfall. Die Branche der Coaches und Trainer boomt. Nicht wenige Menschen sehen darin eine berufliche Zukunft, während zum Beispiel der Einzelhandel durch die Onlinekonkurrenz immer weiter in Schwierigkeiten gerät. Doch weshalb erscheint gerade der Beruf des Coaches vielen so attraktiv? Die Antwort ist einerseits einfach – und doch auch komplex: Durch den Wandel in der Gesellschaft verändert sich mehr und mehr das komplette Lebensumfeld vor allem der arbeitenden Bevölkerung. Das geht vielfach einher mit Verunsicherung, Frustration und Hoffnungslosigkeit. Menschen, die bisher an einen geregelten und routinierten Tagesablauf gewöhnt waren, finden sich aus ihrer Sicht plötzlich in chaotischen Zuständen wieder, in der selbst Gerichte Verhandlungen per Videokonferenz durchführen. Selbst Jüngeren fällt die Umstellung auf digitale Abläufe oft erstaunlich schwer.

In diesem Prozess der gesellschaftlichen Transformation fühlen sich Menschen oft überfordert und allein gelassen. Sie suchen Lösungen, um die vielfältigen Herausforderungen zu erfüllen und dabei ihr eigenes Leben in der Balance zu halten. Doch selbst die alten Strukturen der Hilfeleistung in Familie und Freundeskreisen brechen im Zuge des Wandels auseinander. Wer mithalten will, muss mobil sein und lässt damit nicht selten das heimatliche Netzwerk zurück. Zumal vielen kaum noch ausreichend Zeit bleibt, Kontakte angemessen zu pflegen. Die Folgen sind unter Umständen Orientierungslosigkeit und Einsamkeit. „Wozu das alles?", fragen sich immer mehr Menschen mit Blick auf die Scherben ihres sozialen Lebens, das sich kaum mehr als solches bezeichnen lässt.

### Etabliert und langweilig oder im Aufbruch – wozu werden Trainer, Berater und Coaches gebraucht?

Die Menschen benötigen heute mehr denn je Beratung. Da ihnen aus genannten Gründen inzwischen häufig traditionelle Mentoren wie Freunde, Kollegen und Verwandte fehlen, greifen sie verstärkt auf professionelle Ratgeber zurück, die in früheren Zeiten eher eine Ergänzung für Spezialthemen waren, jetzt aber zur Hauptstütze vieler verzweifelter Menschen werden. Dabei ist eine Form die Lektüre von Büchern über Lebensführung und Anleitungen zu Themen wie Geldanlage, Glücksfindung und Erfolg durch Selbständigkeit. Die andere Möglichkeit ist der direkte Weg zu Coaches, Beratern und Trainern, den immer mehr Klienten regelmäßig in Anspruch nehmen. Ein wichtiger Grund dafür ist sicherlich die Tatsache, dass der Gang zum Coach nicht mehr mit einem Makel behaftet, sondern im Gegenteil durch jahrzehntelange Entwicklung selbstverständlich geworden ist. Die Menschen sind mittlerweile daran gewöhnt, nicht nur für ihren Körper, sondern auch für Geist und Seele Hilfe zu holen. Lektüre von Ratgebern und der persönliche Austausch mit einem Coach ergänzen sich hierbei idealerweise in der Person des Ratsuchenden.

Weltweit gibt es etwa 71.000 Coaches – rund 33 Prozent mehr als noch 2015. Die meisten Coaches arbeiten in Nordamerika und Westeuropa.

Aufteilung der Coaches nach Weltregionen

1. Nordamerika: 23.300 Coaches
2. Westeuropa: 20.400 Coaches
3. Lateinamerika und die Karibik: 11.000 Coaches
4. Osteuropa: 6.300 Coaches
5. Asien: 4.600 Coaches
6. Der Nahe Osten und Afrika: 2.800 Coaches
7. Ozeanien: 2.600 Coaches

Hinweis: Die Zahlen basieren auf den Ergebnissen der ICF Global Coaching Study 2020, der eine Datenerhebung aus dem Jahr 2019 zugrunde liegt. Es ist möglich, dass sich die Anzahl der Coaches seitdem verändert hat.

Aus diesen Zahlen jedoch Schlüsse in Bezug auf Wohlstand, Glücksempfinden sowie beruflichen Leistungsdruck abzuleiten, ist allerdings kaum möglich und wäre geradezu leichtsinnig. Denn die vergleichsweise sehr geringe Anzahl von Coaches in Asien weist sicherlich nicht auf ein gesünderes Arbeitsklima oder ein entspannteres soziales Umfeld hin. Allenfalls lassen sich kulturelle Unterschiede geltend machen, die dazu führen, dass Coaching in Asien bisher noch nicht anerkannt ist. Derzeit scheint es ein eher westliches Phänomen zu sein, externe Hilfe in Anspruch zu nehmen, was an der wirtschaftlichen und sozialen Entwicklung seit dem 17. Jahrhundert liegen könnte, die Asien und andere Weltregionen erst seit wenigen Jahrzehnten nachvollziehen. Deshalb bleibt abzuwarten, ob eines Tages auch auf anderen Kontinenten ein vergleichbarer Coaching-Boom einsetzen wird. Weltweit hat der Coaching-Markt in den vergangenen vier Jahren nach einer Erhebung der Süddeutschen Zeitung um rund fünfzig Prozent zugelegt, wobei ungefähr ein Viertel der dort Beschäftigten als Business-Coaches arbeiten und drei Viertel sogenannte Lifestyle-Coaches sind.

Allein in Deutschland gaben nach Zahlen aus dem Jahr 2021 von Statista 78 Prozent der befragten Führungskräfte an, in den letzten fünf Jahren an einem privaten Coaching, Training oder E-Learning-Programm im Bereich Bildung teilgenommen zu haben. Der *RAUEN* Coaching-Marktstudie 2023 zufolge ist der „typische" Coaching-Klient zwischen 40 und 49 Jahren alt und häufiger weiblich (55,96 Prozent). Insgesamt 58,69 Prozent der 755 befragten Coaches bestätigten, mit Klienten aus dieser Altersgruppe gearbeitet zu haben. Bei den Anteilen besonderer Zielgruppen im Coaching-Gesamtmarkt fallen einige Segmente auf, die vergleichsweise stark vertreten sind.

**Besondere Zielgruppen im Coaching-Gesamtmarkt**

1. Mittleres Konzernmanagement: 13,38 %
2. Top Management KMU: 10,71 %
3. Privatpersonen: 9,25 %
4. Mittleres Management KMU: 7,28 %
5. Unteres Konzernmanagement: 6,35 %
6. Arbeitslose: 4,84 %
7. Konzernmitarbeiter: 4,59 %
8. Freiberufler / Solo-Selbständige: 4,49 %
9. Top Konzernmanagement: 4,05 %
10. Konzernteams: 3,64 %
11. Mittleres Management öffentlicher Dienst: 3,13 %

Hinsichtlich der Themen fällt auf, dass Konfliktmanagement sich inzwischen auf Platz zwei der wichtigsten Fragestellungen befindet. Der Grund ist Spekulation. Allerdings könnten neue Online-Arbeitsformate zu neuen Konfliktpotenzialen führen.

### Die Coaching-Themen im Einzelnen

1. Reflexion und Entwicklung der Führungsrolle
2. Konfliktmanagement
3. Persönlichkeitsentwicklung
4. Entwicklung der Führungskompetenz
5. Berufliche (Neu-)Orientierung
6. Potenzialanalyse und -entwicklung
7. Work-Life Balance
8. Karriereentwicklung
9. Stressmanagement
10. Changemanagement
11. Team- und Organisationsentwicklung

Im Mittelfeld des Themenspektrums liegen unter anderem auch Selbst- und Zeitmanagement sowie Resilienzstärkung. Weniger häufig werden Themenfelder wie Motivation, Nachfolgeplanung, Ängste und Mobbing genannt.

Zu sonstigen Themenfeldern im Coaching, die von Klienten auch insgesamt häufig nachgefragt werden, gehören beispielsweise familiäre Instabilität, konstruktive Beziehungsgestaltung, Migration, Partnerschaft, Trauer, psychosoziale Themen, Weiterbildung, Talent Management, Talent Coaching sowie Psychoedukation.

Dabei werden die Themen unterschiedlich angegangen und in verschiedenen Sitzungen abgearbeitet.

Praktizierte Coaching-Varianten

1. Einzel-Coaching: 44,18 %
2. Team-Coaching: 22,45 %
3. Gruppen-Coaching: 12,41 %
4. Organisations-Coaching: 10,10 %
5. Projekt-Coaching: 7,36 %
6. Sonstige: 3,5 %

Die Vermutung liegt nahe, dass die Coaching-Varianten, die über das Coaching einzelner Personen hinausgehen, möglicherweise mit dem hohen Prozentsatz des Konfliktmanagements zusammenhängen. Dabei dominiert das persönliche Gespräch beim Coaching mit 53,03 Prozent vor der Videokonferenz (37,58 Prozent). Allerdings bietet die Videokonferenz sowohl den Coaches als auch ihren Klienten den Vorteil der räumlichen Entgrenzung und damit die Möglichkeit eines überregionalen Zusammenkommens. So können Coaches ihren Kundenstamm erweitern, Klienten problemlos Top-Coaches weltweit buchen. Das erhöht den Wettbewerb und vielleicht auch insgesamt die Qualität des Coachings. Telefonate und E-Mails spielen mit 5,81 beziehungsweise 1,5 Prozent eine sehr untergeordnete Rolle. Interessant ist allerdings, dass einige Coaching-Sitzungen bereits in der virtuellen Realität stattfinden. Zwar sind sie mit nur 0,35 Prozent bisher gering vertreten, aber allein die Tatsache ihrer Existenz beweist, wie sehr die Technik auch in diesem besonders menschlichen Bereich voranschreitet und zunehmend an Einfluss gewinnt.

Die durchschnittliche Anzahl der Coaching-Fälle pro Jahr liegt bei 22,42 pro Coach, wobei die Schwankungsbreite in den Auftragsbüchern der einzelnen Coaches sehr groß ist. Beinahe ein Drittel hat lediglich bis zu neun Coaching-Fälle im

Jahr durchgeführt. Jeder einzelne Fall benötigt ohne Vor- und Nachbereitung mehrheitlich zwischen sechs und 15 Stunden Aufmerksamkeit des Coaches (55,28 Prozent).

Dabei arbeiten 82,60 Prozent der Coaches selbständig bzw. als Unternehmer. Allerdings fallen 53,53 Prozent unter die Kategorie der Solo-Selbständigen oder Freiberufler. Von ihrer Jahresarbeitszeit entfallen insgesamt nur 42,94 Prozent auf das Coaching. Die berufliche Haupttätigkeit vieler Coaches liegt demnach nicht unbedingt im Coaching. Sie sind darüber hinaus hauptsächlich auch in anderen Bereichen aktiv.

**Berufliche Hauptaktivitäten von Coaches**

1. Training: 14,22 %
2. Unternehmensberatung: 5,79 %
3. Personalentwicklung: 5,18 %

Das sind natürlich nicht unbedingt vollkommen sachfremde Gebiete. Aber diese Entwicklung zeigt, dass nur vergleichsweise wenige Coaches vollständig von ihrer beruflichen Tätigkeit leben können und sehr viele sich zusätzlich in andere Bereiche orientieren müssen.

Pro Stunde verdienen Coaches derzeit im Schnitt 168,13 Euro und erzielen damit ein durchschnittliches Jahreseinkommen von 90.038 Euro. Das sieht zunächst nicht schlecht aus, führt aber mit Blick auf die ungleiche Verteilung der Coaching-Fälle dazu, dass Coaches mit ihrer Coaching-Tätigkeit lediglich 39,49 Prozent ihres Bruttojahreseinkommens verdienen. Spitzenverdiener sind die selbständigen Coaches mit fest angestellten Mitarbeitern. Ihr durchschnittliches Bruttojahreseinkommen betrug 2023 insgesamt 156.677 Euro bei einem Stundensatz von 249,94 Euro. Allerdings beträgt der Coaching-Anteil am Gesamteinkommen hier sogar nur 29,67 Prozent. Diese augenscheinliche Diskrepanz lässt vermuten, dass der Großteil des Umsatzes mit anderen Aktivitäten rund um das Coaching verdient wurde. Eine verlässliche Datenbasis, die diese Vermutung untermauert, gibt es allerdings nicht.

Der sogenannte Gender Pay Gap hat weiterhin bestand in der Coaching-Branche. Insgesamt erzielen Männer hier 23,77 Prozent mehr Einkommen als Frauen. Im Durchschnitt erzielten männliche Coaches 9,75 Prozent mehr Honorar als weibliche Coaches, die im Gegensatz zu ihren männlichen Kollegen (179,87 Euro) nur auf ein Stundenhonorar von 163,89 Euro kommen. Drastischer zeigt sich das beim Bruttojahreseinkommen. Männer verdienen durchschnittlich 105.184 Euro, Frauen nur 80.185 Euro.

Hinsichtlich der Frage, wer das Coaching bezahlt, liegt das beauftragende Unternehmen mit 47,84 Prozent auf Platz eins, gefolgt von Klienten, die für ihr Coaching selbst aufkommen (35,07 Prozent). Weiterbildungsträger sowie das Arbeitsamt erbringen zusammen einen Anteil von 7,16 Prozent und in 4,10 Prozent der Fälle bezahlen Unternehmen und Klient gemeinsam den Coach. Coaches werden aus den verschiedensten Gründen aktiv von Kunden angefragt.

Die Top 10 der Anfragegründe

1. Empfehlung durch gemeinsam bekannte Personen
2. Thematische Spezialisierung im Coaching
3. Referenzen von Bestandskunden
4. Vorheriger Kontakt jenseits des Coachings
5. Führungserfahrung
6. Die richtige „Chemie" zwischen Coach und Klient
7. Empfehlung durch Personalabteilung oder Vorgesetzten
8. Fachkompetenz
9. Methodische Ausrichtung des Coachings
10. Coaching-Ausbildung

Insgesamt wird die große Bedeutung von Empfehlung, Referenz und Kontakten deutlich. Darüber hinaus scheint die thematische Spezialisierung besonders wichtig. Eher selten werden Coaches aufgrund von professionellen Standards wie einer Coaching Ausbildung oder Mitgliedschaft in beziehungsweise Zertifizierung durch einen Verband nachgefragt. Damit wird ein mangelnder Transparenz- und Professionalisierungsgrad der gesamten Branche bestätigt. Eindeutig ist das Empfehlungsmanagement unabhängig von Erfahrung die zentrale Variable, um als Coach nachgefragt zu werden. Mit anderen Worten: Die besondere Kompetenz, die jeder Coach dringend benötigt, ist das möglichst professionelle Netzwerken. Es ist die Mund-zu-Mund-Propaganda, die für alle Coaches den mit Abstand größten Nutzen aufweist. Interessant ist darüber hinaus, dass Integrität und Vertrauenswürdigkeit eines Coaches anscheinend kaum eine Rolle für seine Klienten spielen. Ebenso wenig übrigens wie geografische Nähe und räumliche Erreichbarkeit, was in Zeiten der Videokonferenzen sogar weitaus weniger überraschend ist.

Eindeutig positiv wird der Abschluss von Coaching sowohl auf Seiten der Klienten als auch von Coaches bewertet. Bei einer Befragung von 465 Coaches und 488 Klienten für die *RAUEN*Marktanalyse 2023 gaben insgesamt 91,86 Prozent der Teilnehmer an, ihr Coaching mit der erfolgreichen Bearbeitung des Anliegens abgeschlossen zu haben. In nur 4,40 Prozent der Fälle endete das Coaching ohne die erfolgreiche Bearbeitung des Anliegens. Der Klient brach in 2,48 Prozent der Fälle das Coaching vorzeitig ab, während der Coach dies in nur 1,25 Prozent der Fälle tat. Daraus lässt sich ein grundsätzlich positives Miteinander und eine große Zufriedenheit mit Coaching auf beiden Seiten ablesen.

All dies legt den Schluss nahe, dass ein Coach vor allem ein professioneller Freund in modernen Zeiten ist. Dabei kommt es weniger auf die fundierte Ausbildung des Coaches an als vielmehr auf seine Menschenkenntnis sowie empathische Fähigkeiten wie Zuhören, aufmunternde Worte finden, motivieren, Mut zusprechen und gemeinsam mit dem Klienten den richtigen Weg für die berufliche oder private Zukunft finden. Zudem zeichnet einen guten Coach umfangreiche Lebens- und Führungserfahrung aus. Er schöpft aus seinem Wissen und hilft seinem Klienten, indem er die für ihn jeweils richtigen Zusammenhänge herstellt. Dafür ist keine formale Qualifikation erforderlich, noch irgendein formaler Ablauf einzuhalten. Im Umgang mit Klienten gibt es kein theoretisches Richtig oder Falsch. Mit Geduld, Freundlichkeit sowie einer Portion Allgemeinbildung lassen sich in der Arbeit mit den Klienten die meisten Herausforderungen lösen. Für die meisten Menschen, die einen Coach aufsuchen, scheint es vor allem darum zu gehen, mit ihren Anliegen gesehen und ernst genommen zu werden. Erst dann fließen auch fachliche Aspekte in das Coaching ein, für die es einer gewissen Spezialisierung bedarf. Im Vordergrund eines guten Coachings steht der Aspekt der professionellen Freundschaft auf Zeit, die dem Klienten das Gefühl von Zuversicht gibt.

## Der Blick von außen:
## Wie sieht der Journalismus die Branche?

Soweit der Innenblick. Doch wie beurteilt die Öffentlichkeit die Coaching-Branche, die immer mehr Menschen dazu bringt, viel Zeit und Geld in Selbstoptimierung zu investieren? Coaching ist in großen Teilen ein Geschäft mit der Hoffnung, die sich zu einer Masseneuphorie entwickelt. Allerdings warnen kritische Stimmen vermehrt vor Gefahren der Branche. Denn ihre Methoden sind größtenteils nicht wissenschaftlich fundiert, der Begriff „Coach" ist nicht geschützt.

Im vergangenen Jahr erschien ein Buch, das sich sehr kritisch mit dem Phänomen Coaching auseinandersetzt. In „Nicht noch ein Coaching-Buch: Über eine Industrie, die mit Manipulation Milliarden scheffelt, indem sie mit der Psyche von Menschen spielt" (2023) beschreibt Charlotte M. Raven die Maschen der Anbieter. Nicht jede Art von Coaching sei schlecht, meint sie darin. Doch gebe es eine „dunkle" Coaching-Szene, die Menschen in die Abhängigkeit und manchmal sogar in den finanziellen Ruin treibe, behauptet Raven. Es beginne schon mit dem weit verbreiteten Ansatz „Dein Leben ist schlecht, du musst es optimieren". Beim Surfen im Netz ploppten ständig Coachings von selbsternannten Experten auf. Es gibt sie für jeden Lebensbereich: Sex, Fitness, Karriere, Finanzen und vor allem Spiritualität.

**Es gibt auch wirklich gute Coaches**

In einem Interview mit *Watson* äußerte sich Charlotte M. Raven im April 2023 zu den Auswirkungen des sogenannten „dunklen Coachings":

> Es gibt Menschen, die haben 80.000 bis 100.000 Euro in Coaching investiert und es ist nichts passiert. Im schlimmsten Fall werden diese Menschen bewusst „angetriggert": Da werden Traumata hochgeholt, um Besserung zu bringen, und sie werden dann mit den Folgen allein gelassen. Bei der kleinsten Kritik werden sie von den Anbietern blockiert, teilweise noch attackiert und es wird mit Anwälten gedroht. Blockieren ist eigentlich noch das Beste, was einem passieren kann. Die Anbieter haben oft selbst emotionale und psychische Probleme, die gerne verdrängt werden.

> Die Szene wirke fast wie eine Ersatzdroge. Emotionaler Missbrauch finde statt. „Es gibt Drohungen, dass die persönlichen Daten veröffentlicht werden, denn es gibt ja keine Verträge. All das habe ich auch erlebt. Sobald ich angefangen habe, offen darüber zu sprechen, wurde ich aus allen

Gruppen und Kontakten hinausgeworfen. Auf einmal sind alle Menschen weg, von denen du dachtest, das sind Freunde. Eine Frau wurde so reingetrieben, dass sie in der stationären Psychiatrie gelandet ist." Aus der Coaching-Szene herauszukommen, fühlte sich ein bisschen so an, wie aus einer gewalttätigen Beziehung herauszukommen. Zwar sei es keine körperliche, aber emotionale Gewalt. Welche Warnsignale gibt es dafür, dass Coaching einem nicht guttut? Laut Charlotte M. Raven: „Wenn es dafür sorgt, dass sich ganz subtil das Weltbild verschiebt. Wenn man anfängt, das ganze Leben dadurch abzuändern oder das auch allen anderen aufdrängen zu wollen. Wenn man zum Beispiel sämtliche Menschen aus seinem Umfeld entfernt, weil das alles „Energie-Vampire" sind. Wenn man alles ausblendet, was eine kritische Meinung ist, man sich schuldig fühlt, Druck ausgeübt wird und man abhängig ist von den Anbietern. Es wird kritisch, wenn man die Ansätze, die man gelernt bekommt, für Gesetzmäßigkeiten hält und nicht mehr als Glauben ansieht." Allerdings erkennt auch Raven den grundsätzlichen Nutzen von Coaching an. Sie fordert eine bessere Ausbildung der Coaches sowie mehr Transparenz. „Es gibt auch wirklich gute Coaches. Das Wichtigste ist, dass der Coach verantwortungsvoll ist, eine qualifizierte Ausbildung hat und Grenzen gesetzt werden. Menschen mit psychischen Krankheiten dürfen zum Beispiel nicht behandelt und nur eingeschränkt gecoacht werden. Die Preise und Qualifikationen müssen transparent dargestellt werden: Wo hat die Ausbildung stattgefunden und ist sie abgeschlossen? Heutzutage kann jeder Kanarienvogel ein Zertifikat ausstellen. Es gibt eine Masse von Zertifikaten da draußen, das ist keine Qualitätssicherung. Und man sollte auch immer darauf achten: Wie wird formuliert, was wird als ultimativ dargestellt? Coaching soll ja Menschen dabei begleiten, ih-

> ren eigenen Weg zu finden. Das passiert nicht, indem man Versprechungen macht und Wahrheiten vorgibt."

## Überall wird gecoacht

Bereits zwei Jahre zuvor beschäftigte sich auch die *Frankfurter Allgemeine Zeitung* mit dem Phänomen Coaching, welches nicht nur im Büro expandiere. „Coaching ist ein Wachstumsmarkt, von dem viele ein Stück abhaben möchten", heißt es dort in einem Artikel[3] von Deike Uhtenwoldt. Kritisiert wird der Wildwuchs des undurchsichtigen Marktes. Hier ein Auszug:

> Als Michael Stephan das Thema vor 15 Jahren aufgriff, ging es dem Wirtschaftswissenschaftler darum, Transparenz in einen undurchsichtigen Markt zu bringen. „Das Grundproblem ist, dass der Begriff nicht geschützt ist und es keine festgelegten Zulassungsvoraussetzungen gibt", sagt der Professor für Technologie- und Innovationsmanagement an der *Universität Marburg*. 2009 hat er die erste Marburger Coaching-Studie mit herausgegeben. Sie unterscheidet zwischen Business-Coaching im beruflichen und Life-Coaching im privaten Bereich. [...]
>
> „Der Life-Coaching-Markt ist schwerer zu greifen", sagt Stephan. „Koch-Coaching oder Horoskop-Coaching, da gibt es nichts, was es nicht gibt – selbst für ihre Haustiere können Interessierte ein Angebot buchen." Der Ökonom betont aber auch, dass die Trennlinie keineswegs scharf sei und es unprofessionelle Angebote auf beiden Seiten gebe. Allerdings sei die Kontrolle im Business-Coaching durch die Personalabteilungen größer, und es hätten sich „inzwischen Qualitätsstandards etabliert."

Der Digitalisierungsschub habe Plattformen gestärkt, die Angebot und Nachfrage per Algorithmus zusammenbringen und

---

[3] *FAZ*, „Wildwuchs des undurchsichtigen Coaching-Marktes", 2021

bis hin zur Zahlungsabwicklung und zum Feedback digitale Hilfestellungen bieten. Aber viele dieser Formate böten kein Coaching im Sinne einer Prozessbegleitung, reflexiv und über einen längeren Zeitraum. Sondern Coaching mit Ratschlag in 60 Minuten. Und ob das noch Coaching sei, sei die Frage.

Gecoacht wird mittlerweile auf dem Hundeplatz, beim Friseur oder im Fitnessstudio. Doch das ist oft mehr eine Freizeitbeschäftigung als professionelle Arbeit mit Klienten. Ermöglicht wird die Inflation des Coachings, weil die Berufsbezeichnung nicht geschützt ist und es keinerlei verbindliche Regeln für eine Ausbildung zum Coach gibt. Experten fordern deshalb schon lange eine standardisierte Weiterbildung. Zudem soll ein reflexiver Beratungsprozess, der mit einer ausführlichen Startanalyse beginnt, Ziele schriftlich fixiert und am Ende evaluiert, Coaching nicht nur vereinheitlichen, sondern grundsätzlich auch verbessern. Ein Coach soll über die Reichweite seiner Möglichkeiten Bescheid wissen. Das schließt Selbstreflexion, Methodenvielfalt sowie Ergebnisoffenheit, aber auch Zielorientierung ein. Da Coaching ein dialogischer Prozess ist, können Anbieter und Klienten durchaus auch aneinander scheitern. Coachings, die vorgeben, durch den Einsatz eines bestimmten Tools Erfolge automatisieren zu können, wandeln auf dem Pfad der Scharlatanerie. Methoden sind nur Hilfsmittel, sie stehen nicht im Vordergrund, sind sich Coaching-Experten einig.

## Auf Qualifizierung achten und kritisch bleiben

Den richtigen Coach zu finden ist allerdings nicht einfach – selbst im Business-Coaching. Im Artikel der *Frankfurter Allgemeinen Zeitung* heißt es dazu:

> Zum einen, weil man die Ausbildungen kaufen kann: „Wer 20.000 Euro ausgibt, bekommt sein Zertifikat", weiß Michael Stephan. Zum anderen, weil auch die Verbandszuge-

> hörigkeit kein Qualitätskriterium sei – dafür sind mehr als 20 Coaching-Verbände einfach zu viele.

Manchmal diene die Gründung eines neuen Verbandes mehr dem eigenen Marketing als der Professionalisierung der Szene.

> Braucht der Markt also eine Regulierung? Darüber streiten sich die Experten. Insbesondere der *Berufsverband Deutscher Psychologinnen und Psychologen* (BDP) sieht die Entwicklung kritisch. „Coaching ist keine Wohlfühlveranstaltung, sondern adressiert Themen, die für einen selbst problematisch sind", sagt Fredi Lang, Referent für Bildungspolitik. Ohne vertieftes psychologisches Wissen bleibe die Beratung aber an der Oberfläche, bestätige oft nur die Vorannahmen der Klienten und erreiche darunter liegende Probleme nicht. „Psychologische Grundkompetenzen sind mit 400 oder 500 Stunden Ausbildung nicht gewährleistet, ein Psychologiestudium hat 9.000 Stunden", sagt Lang.

Experten sind sich deshalb einig, dass ein guter Business-Coach neben Führungserfahrung auch Branchenkenntnisse und ein abgeschlossenes Hochschulstudium mitbringt. Auch beim Life-Coaching sollten Interessenten selbstverständlich auf Qualifizierung achten und bei rein autodidaktischen Angeboten äußerst kritisch bleiben.

## „Wirklich ist, was wirkt"

Das führt zu der Frage: Was macht gutes Coaching aus? Wie unterscheidet es sich von Scharlatanerie? Das *Coaching-Magazin* stellte bereits im Jahr 2017 in einem ausführlichen Artikel[4] die wichtigsten Wirkfaktoren vor. Darin heißt es:

> Erfolgreich ist ein Coaching dann, wenn die vereinbarten Ziele oder andere, im Rahmen einer Evaluation als posi-

---

[4] *Coaching-Magazin*, „Wirkfaktoren für ein erfolgreiches Coaching", 2017

> tiv definierte Ergebnisse erreicht werden. Wirk- bzw. Erfolgsfaktoren können sowohl Merkmale der direkten Zusammenarbeit zwischen Coach und Klient sein als auch im organisationalen Kontext des Klienten verortet liegen. [...]
> Es sollte klar sein, welche Faktoren zur Wirksamkeit von Coaching beitragen, damit diese gezielt berücksichtigt werden können. Die Intention dabei: Die Wahrscheinlichkeit für ein erfolgreiches bzw. wirksames Coaching zu erhöhen.

Dieser Ansatz trennt die Spreu vom Weizen in der Coaching-Szene. Denn ein Coach, der sich Gedanken um die Wirkung seiner Arbeit macht, neigt sicherlich kaum zur Scharlatanerie. Zudem ist dazu ein wissenschaftliches Grundverständnis notwendig, das ein Hobby-Coach kaum mitbringen wird. Daher können sich auch Interessenten und Klienten an den Wirkfaktoren des Coachings bei der Auswahl des für sie passenden Coaches orientieren.

**Die 16 Wirkfaktoren des Coachings**

**A Ebene der Arbeitsbeziehung**

1. Wertschätzung, Empathie, emotionale Unterstützung
2. Vertrauen
3. Kollaboration, Commitment, Übereinstimmung
4. Dominanz / selbstbewusstes Auftreten

**B Ebene der Strategien und Techniken**

1. Zielklärung und -konkretisierung
2. Ressourcenaktivierung
3. Individuelle Analyse und Anpassung
4. Ergebnisorientierte Selbstreflexion
5. Evaluation im Verlauf
6. Umsetzungsunterstützung
7. Methodenvielfalt

**C Ebene der Kommunikation**

1. Fragen stellen
2. Zuhören
3. Feedback

**D Ebene der Organisation**

1. Organisationale Unterstützung

In dieser Liste der Wirkfaktoren kommt die klare Botschaft zum Ausdruck, dass es im Coaching nicht auf die Anwendung möglichst vieler und innovativer Techniken ankommt. Selbstverständlich sollte ein Coaching methodisch sorgfältig durchgeführt werden. Den Fokus jedoch hauptsächlich auf die Methoden zu richten, verstellt den Blick für das Wesentliche. Denn es sind viel grundlegendere Dinge, auf die es ankommt, wenn ein Coaching erfolgreich sein soll. Wie schon Kurt Lewin (1890 - 1947), ein bedeutender Psychologe des 20. Jahrhunderts sagte: „Wirklich ist, was wirkt".

Das bedeutet, es kommt sehr auf die Zusammenarbeit von Coach und Klient an. Die Aufgabe des Coaches ist es herauszufinden, welche Methode bei seinem Klienten wirkt. Einerseits öffnet dies natürlich Tür und Tor für alle möglichen Experimente, die nicht immer seriös sind. Doch wenn es Menschen tatsächlich nützt, über glühende Kohlen zu laufen, sich auf einen einsamen Spaziergang durch die Wüste zu begeben oder auf einer Bühne vor großem Publikum frei zu reden, ist dagegen nichts einzuwenden. Daher ist das wichtigste Kriterium für die erfolgreiche Beziehung von Coach und Klient das beidseitige Vertrauen, mit der individuell besten Methode einen persönlichen Weg zu finden.

## Wer hat eigentlich das Zeug zum Trainer?

An dieser Stelle ist es wichtig, zwischen Coach und Trainer zu differenzieren. Grundsätzlich können sich beide Tätigkeiten sehr gut und zum Nutzen der Klienten ergänzen. Doch gibt es einige signifikante Unterscheidungsmerkmale.

### Eigenschaften und Qualitäten, die einen Coach auszeichnen

1. **Empathie**

   Ein Coach sollte einfühlsam sein und die Gefühle und Bedürfnisse seiner Klienten verstehen können. Empathie ermöglicht es, eine vertrauensvolle Beziehung aufzubauen.

2. **Kommunikationsfähigkeiten**

   Ein Coach muss in der Lage sein, klar und effektiv zu kommunizieren. Dies umfasst das aktive Zuhören, das Stellen von gezielten Fragen und das Verständnis für die individuellen Kommunikationsstile seiner Klienten.

3. **Selbstreflexion**

   Ein guter Coach reflektiert seine eigenen Erfahrungen, Werte und Überzeugungen. Dies hilft ihm, seine Klienten besser zu unterstützen und sich ständig weiterzuentwickeln.

4. **Flexibilität**

   Jeder Klient ist einzigartig, und ein Coach sollte flexibel sein, um auf unterschiedliche Bedürfnisse und Situationen einzugehen.

5. **Vertraulichkeit**

   Ein Coach muss vertraulich mit den Informationen umgehen, die ihm von seinen Klienten anvertraut werden.

6. **Fachwissen**

   Je nach Coaching-Bereich (z. B. Life-Coaching, Business-Coaching, Sport-Coaching) ist spezifisches Fachwissen von Vorteil.

7. **Motivationsfähigkeit**

   Ein Coach sollte in der Lage sein, seine Klienten zu motivieren und sie bei der Erreichung ihrer Ziele zu unterstützen.

8. **Offenheit für Feedback**

   Ein guter Coach ist bereit, Feedback von seinen Klienten anzunehmen und sich kontinuierlich zu verbessern.

9. **Ethik und Integrität**

   Ein Coach sollte ethisch handeln und integer sein. Dies umfasst die Einhaltung von Berufsstandards und die Vermeidung von Interessenkonflikten.

10. **Positive Einstellung**

    Optimismus und eine positive Einstellung sind wichtig, um die Klienten zu ermutigen und zu inspirieren.

Interessanterweise decken sich viele der hier genannten Eigenschaften mit den Anforderungen an die oben aufgeführten 16 Wirkfaktoren, wie zum Beispiel Vertrauen, Motivationsfähigkeit und Empathie. Darüber hinaus gibt es sehr persönliche Eigenschaften wie Flexibilität, positive Einstellung und Offenheit für Feedback, die ein Coach unbedingt mitbringen sollte.

## Eigenschaften und Qualitäten, die einen Trainer auszeichnen

1. **Fachwissen**

   Ein guter Trainer verfügt über fundiertes Fachwissen. Dies ist die Basis, um die vielfältigen Anforderungen im Training reflektiert und kompetent zu bewältigen.

2. **Glaubwürdigkeit**

   Die Glaubwürdigkeit als Trainer ist das Ergebnis eines längeren Prozesses. Teilnehmer müssen spüren, dass sie wichtig sind und dass der Trainer sich dafür einsetzt, sie sowohl fachlich als auch menschlich voranzubringen.

3. **Verbundenheit**

   Ein guter Trainer baut eine starke Beziehung zu seinen Teilnehmern auf. Er zeigt Interesse an ihren individuellen Bedürfnissen und unterstützt sie auf ihrem Weg.

4. **Verlässlichkeit**

   Teilnehmer vertrauen einem Trainer, der zuverlässig ist und sein Wort hält. Verlässlichkeit schafft eine stabile Umgebung für die Entwicklung der Teilnehmer.

5. **Offenheit für Veränderung**

   Ein guter Trainer passt sich an neue Gegebenheiten an. Er entwickelt eigene Ideen und lässt sich inspirieren, um das Training und die Betreuung der Teilnehmer kontinuierlich zu verbessern.

6. **Motivationsfähigkeit**

   Ein Trainer sollte in der Lage sein, seine Teilnehmer zu motivieren und sie bei der Erreichung ihrer Ziele zu unterstützen.

7. **Selbstreflexion**

    Ein guter Trainer reflektiert seine eigenen Erfahrungen, Werte und Überzeugungen. Dies hilft ihm, sich ständig weiterzuentwickeln und besser zu werden.

8. **Ethik und Integrität**

    Ein Trainer sollte ethisch handeln und integer sein. Dies umfasst die Einhaltung von Berufsstandards und die Vermeidung von Interessenkonflikten.

9. **Positive Einstellung**

    Optimismus und eine positive Einstellung sind wichtig, um die Teilnehmer zu ermutigen und zu inspirieren.

10. **Lernbereitschaft**

    Ein guter Trainer ist bereit, kontinuierlich zu lernen und sich weiterzubilden. Die nächste Trainingseinheit sollte immer die beste der Woche sein.

Die gewünschten Eigenschaften von Coaches und Trainern sind nicht identisch, überschneiden sich jedoch und ergänzen sich oft. Beide benötigen eine positive Einstellung, Ethik, Integrität, Fachwissen, Verbundenheit und Selbstreflexion. Der Unterschied liegt in den Zielen: Coaches setzen auf intelligente, zielführende Fragetechniken, während Trainer die richtige Methodenkompetenz für Formate wie Vorträge, Gruppenarbeiten, Rollenspiele oder Fallstudien beherrschen müssen. Dadurch ist die Arbeit des Trainers deutlich vielseitiger als die des Coaches.

Ein weiterer Unterschied zwischen Trainer und Coach liegt in ihrem Umgang mit den Dynamiken innerhalb ihrer Gruppen. Er muss nicht nur in der Lage sein, diese Dynamiken zu erzeugen, sondern sie auch jederzeit für seine Ziele nutzen können.

**Ziele im Coaching-Prozess**

1. **Erhöhung bzw. Erhalt der Arbeitszufriedenheit**

   Ein Coach hilft dem Klienten dabei, seine Arbeitszufriedenheit zu steigern oder aufrechtzuerhalten.

2. **Herstellung von Entscheidungssicherheit**

   Der Coach unterstützt den Klienten dabei, klare Entscheidungen zu treffen und Unsicherheiten zu überwinden.

3. **Verbesserte Führung von Mitarbeitern**

   Ein Ziel kann sein, die Führungskompetenzen des Klienten zu stärken, um effektiver Mitarbeiter zu führen.

4. **Vorbereitung auf Führungsaufgaben**

   Wenn der Klient eine Führungsposition anstrebt, kann der Coach bei der Vorbereitung auf diese Rolle helfen.

5. **Lösung von Schwierigkeiten mit anderen Personen**

   In bestimmten Situationen unterstützt der Coach den Klienten dabei, Konflikte zu lösen und effektiv mit anderen Menschen zu interagieren.

6. **Erhöhung der sozialen Kompetenz durch Reflexion**

   Durch Selbstreflexion und gezielte Übungen kann der Klient seine soziale Kompetenz verbessern.

Es ist wichtig, Ziele im Coaching präzise zu formulieren, um den Prozess effektiv zu gestalten. Zielsetzung und Strategien werden gemeinsam mit dem Klienten entwickelt, um die gewünschten Veränderungen zu erreichen.

Trainer verfolgen verschiedene Ziele, um ihre Teilnehmer bestmöglich zu unterstützen.

## Ziele als Trainer

1. **Fähigkeiten und Kompetenzen entwickeln**

   Ein Trainer möchte, dass die Teilnehmer ihre Fähigkeiten und Kenntnisse erweitern. Dies kann sowohl auf individueller als auch auf organisatorischer Ebene geschehen.

2. **Leistungssteigerung**

   Durch das Training sollen die Teilnehmer ihre Aufgaben effizienter und effektiver erfüllen können. Dies kann die Produktivität und Qualität der Arbeit verbessern.

3. **Anpassungsfähigkeit fördern**

   Ein Ziel ist es, dass die Teilnehmer sich an neue Technologien, Verfahren oder Vorschriften anpassen können.

4. **Karriereentwicklung unterstützen**

   Durch das Training können Teilnehmer den Zugang zu neuen Rollen und Verantwortungsbereichen erhalten.

5. **Mitarbeiterzufriedenheit erhöhen**

   Ein zufriedener Mitarbeiter ist oft produktiver und engagierter.

6. **Teambuilding und Zusammenarbeit stärken**

   In Gruppentrainings kann der Fokus darauf liegen, die Zusammenarbeit und das Teambuilding zu fördern.

7. **Gesundheitsorientierte Verhaltensweisen vermitteln**

   Besonders im Sport- oder Gesundheitsbereich kann ein Trainer den Teilnehmern helfen, gesundheitsbewusst zu handeln.

Auch bei den Zielen gibt es Überschneidungen. In der Gegenüberstellung wird offensichtlich, dass sich Coaches und Trainer bestens ergänzen und es für Klienten recht vorteilhaft sein könnte, mit Coach und Trainer in einer Person zusammenzuarbeiten.

### Persönliche Voraussetzungen und Fähigkeiten

Doch wer eignet sich nach diesen Vorgaben zum Coach und zum Trainer? Welche persönlichen fachlichen und menschlichen Voraussetzungen muss man mitbringen, Klienten und Teilnehmern entscheidend in ihrem beruflichen und privaten Leben voranzubringen? Diese Fragen sind entweder ganz simpel mit der Feststellung zu beantworten: Jeder, der sich dazu berufen fühlt. Oder es wird ein klein wenig komplizierter, weil es natürlich einer gefestigten und gestandenen Persönlichkeit bedarf, die sich nicht so schnell die Butter vom Brot nehmen lässt, wenn man fremden Menschen Unterstützung geben möchte, die sie nicht nur annehmen, sondern auch in ihrem Leben umsetzen.

Ein guter Coach zeichnet sich durch eine Kombination von Fähigkeiten, Qualitäten und Erfahrungen aus, die auch in sein eigenes Dasein und sein persönliches Umfeld hineinragen. So sollte er in der Lage sein, aktiv zuzuhören und Informationen aus den Aussagen seiner Klienten zu gewinnen. Dabei sind Neutralität und Urteilsfreiheit ganz besonders entscheidende Faktoren. Zudem sollte ein Coach die Kunst beherrschen, die richtigen Fragen zu stellen. Denn damit hilft er seinen Klienten, ihre Gedanken zu klären und neue Perspektiven zu entwickeln. Offene, explorative Fragen fördern den Denkprozess. Psychologisches Fachwissen mit einem fundierten Verständnis der menschlichen Psyche und Verhaltensweisen ist für einen Coach dafür von Vorteil. Außerdem sollte er offen für verschiedene Sicht- und Lebensweisen sein sowie jederzeit die individuellen Bedürfnisse seiner Klienten ehrlich respektieren. Hinzu sollte einen Coach auch ein Organisationstalent auszeichnen, um Coaching-Prozesse zu strukturieren, aber auch Termine zu koordinieren. Abschließend sollte noch neben Kommunikationsfähigkeit und Vertrauenswürdigkeit ein positives Mindset hinzukommen. Denn Optimismus und die Fähigkeit, positive Perspektiven zu vermitteln, sind sowohl für ihn selbst als auch für seine Klienten besonders wertvoll. Somit vereint ein guter Coach Fachwissen, zwischenmenschliche Fähigkeiten und eine positive Einstellung, um Klienten auf ihrem Weg zu unterstützen.

Ein Trainer muss vor allem ein Verständnis für gruppendynamische Prozesse mitbringen, kann Gruppen motivieren und ihre Energie lenken. Ein gesunder Sinn für Humor kann dabei die Atmosphäre schon gleich zu Beginn auflockern und eine positive Gemeinschaft auf Zeit schaffen. Ähnlich wie ein Coach sollte auch der Trainer offen für neue Ideen sein und sich selbst organisieren können. Dabei sind Flexibilität und Anpassungsfähigkeit besonders wichtige Eigenschaften. Außerdem muss ein Trainer jederzeit in der Lage sein, Wissen effektiv und auf den Punkt zu vermitteln, indem er Inhalte strukturiert und vor allem verständlich präsentiert. Er muss sich mit Leidenschaft für seine Aufgabe einsetzen und Geduld aufbringen, um individuelle Fortschritte seiner Teilnehmer zu fördern. Schließlich reflektiert ein guter Trainer regelmäßig über seine eigene Arbeit, holt Rückmeldungen von erfahrenen Kollegen ein und verfügt über die Bereitschaft zur regelmäßigen Weiterbildung, um sich fachlich und didaktisch kontinuierlich zu verbessern.

Das alles sind idealtypische Voraussetzungen und Fähigkeiten, die kaum jemand in ihrer Gesamtheit in seiner Person erfüllt. Deshalb an dieser Stelle eine subjektive Zusammenstellung der wichtigsten Kriterien, die eine Person erfüllen sollte, die Coach und Trainer in einem ist. Dabei ist mit der Reihenfolge der Auflistung keinerlei Wertung verbunden.

## Subjektive Coach- und Trainerfähigkeiten

1. Ist ein toller Typ, der gerne und gut mit Menschen umgeht, sie offen anspricht, motiviert und die besten Eigenschaften in ihnen weckt.

2. Besitzt umfangreiches Wissen, das er fachlich korrekt, klar verständlich und so vermittelt, dass es andere motiviert, es direkt auszuprobieren.

3. Ist neugierig, lernt selbst täglich hinzu und verfügt über die innere Leidenschaft, seine Themen zu vermitteln, ohne sich selbst in den Vordergrund zu stellen.

4. Nimmt auf, was Menschen ihm sagen, reflektiert ihre Ängste, Wünsche, Herausforderungen und Ziele, um mit ihnen positiv daran zu arbeiten.

5. Er kann, was er sagt, und verspricht nichts, was er nicht halten kann. Verfügt über eine kritische Distanz zu seinem eigenen Beruf und stellt seine Arbeit immer wieder konstruktiv in Frage.

6. Hält sich nicht an Theorien fest, sondern steht mit beiden Beinen fest in der Praxis, die er mit Wissen und Lebenserfahrung belebt.

7. Verfügt über mehr Motivation in seinem Beruf, als nur Geld zu verdienen, scheut sich aber nicht, sich seine Expertise bezahlen zu lassen.

8. Freut sich über die Erfolge seiner Klienten und Teilnehmer.

9. Versteht jeden neuen Klienten oder Teilnehmer als Herausforderung seiner eigenen Fähigkeiten und stellt sich flexibel darauf ein, ohne Unsicherheit zu verspüren oder in Routinen zu verfallen.

Diese etwas mehr umgangssprachlich formulierte Liste enthält konkludent einiges aus den Zusammenstellungen zuvor, verzichtet jedoch bewusst auf all die wohlklingenden Begrifflichkeiten und stellt die Anforderungen an Coach und Trainer dadurch in neue Zusammenhänge. Denn wer hat das Zeug zum Coach oder Trainer wirklich? Jeder, der sich mit Engagement, Leidenschaft und Wissen für andere einsetzt, ihnen hilft, voranzukommen, und dabei ihr Selbstwertgefühl stärkt, leistet wertvolle Arbeit. Eine Regulierung ist nur insoweit nötig, um Untaugliche auszusortieren und so das Ansehen der Coaching- und Trainerszene zu verbessern.

**Welche Anbieter befinden sich im Markt?**

In Deutschland gibt es eine Vielzahl von Anbietern für Coaching und Training, sowohl auf individueller als auch auf organisatorischer Ebene. Da weder „Coach" noch „Trainer" geschützte Berufsbezeichnungen sind, tummeln sich alle möglichen Dienstleister auf dem Markt – von Scharlatanen über seriöse Einzelanbieter bis zu spezialisierten Unternehmen. Sogar auf einer Plattform wie *primaProfi.de*, auf der sich Fachkräfte aus verschiedensten Bereichen finden lassen, können Coaches für den privaten und beruflichen Bereich angefragt werden. Unternehmen, die Coachings und Trainings für ihre Mitarbeiter anbieten, verfügen oft über eine Liste von erfahrenen Coaches und Trainern, mit denen sie seit Jahren zusammenarbeiten.

Darüber hinaus gibt es einige größere Firmen, die sich auf Coaching und Training spezialisiert haben. So unterstützt das in Berlin ansässige Startup *CoachHub* mit digitalen Coaching-Lösungen Mitarbeiter von Unternehmen auf allen Karriereebenen. Mit mehr als 3.500 Coaches bietet *CoachHub* Hilfe zur individuellen Entwicklung und beruflichen Weiterentwicklung.

Das in Großbritannien beheimatete Startup *Sama* macht es sich zur Aufgabe, die Kraft des Coachings für jeden zugänglich zu machen und damit die Mitarbeiterbindung am Arbeitsplatz zu steigern. Das Unternehmen nutzt einen speziellen KI-Matching-Algorithmus, um passende Coaches für jeden Nutzer zu finden.

Persönliche Weiterentwicklung im beruflichen Kontext bietet auch die *Haufe Akademie* mit ihrem Coachingangebot. „In einer hoch dynamischen Arbeitswelt erleichtern wir die Entwicklung von Menschen und Organisationen. Wir stiften Orientierung, bieten stimmige Lern- und Entwicklungsmöglichkeiten und stärken die Selbstwirksamkeit für individuelle Lebenslagen oder Herausforderungen", sagt Hansjörg Fetzer, Geschäftsführer der *Haufe Akademie*. Zielgruppen sind Top-Manager, Fach- und Führungskräfte. Ihnen bietet Haufe individuell auf ihre jeweiligen Bedürfnisse abgestimmte, ausschließlich lösungs- und zielorientierte Business-Coachings. Es geht vor allem darum, Klarheit zu schaffen, Blockaden zu lösen und Strategien für Herausforderungen im Berufsalltag zu entwickeln. Teamcoaching zielt darauf ab, die kollektive Leistung langfristig zu steigern sowie Arbeits- und Leistungskompetenzen des Teams zu stärken. Anders auf der Ebene von Top-Managern und Geschäftsführern. Sogenanntes Executive Coaching gestaltet konstruktiv-kritische Auseinandersetzungen mit Gesprächspartnern auf Augenhöhe, die mit den Besonderheiten der Managementrolle vertraut sind. Dabei setzt *Haufe* langjährig erfahrene Coaches mit vielseitiger Methodenkompetenz und höchster Integrität ein.

Im Trainingsbereich hat sich die Firma *Beitraining* mit gezielter Personalentwicklung sowie Training für Führungskräfte und Mitarbeiter einen Namen gemacht. Die Experten des Unternehmens bieten darüber auch Verkaufstrainings, Seminare zur Kundenorientierung und Workshops zum Thema Marketing an. Dabei stellen sie jeweils echtes Interesse im Umgang mit Menschen in den Vordergrund ihrer Trainings. Die Philosophie von *Beitraining*: Neben Produkten und Dienstleistungen ist die Persönlichkeit der Mitarbeiter für ein Unternehmen das wichtigste Verkaufsargument.

Anders die *Perspekto Coaching GmbH*, die seit 2012 deutschlandweit Coaches vermittelt. Das Unternehmen setzt voll auf den Wunsch seiner Klienten nach Weiterentwicklung. „Jeder Coach hat seine eigene einzigartige Herangehensweise, um Dich dabei zu unterstützen, Deine Ziele zu erreichen und Deine Träume zu verwirklichen. Gemeinsam bieten wir maßgeschneiderte Lösungen, die auf Deine individuellen Bedürfnisse zugeschnitten sind", heißt es auf der Website, die vor allem eine Vorstellung der verschiedenen Coaches mit den jeweiligen Schwerpunkten ihrer Arbeit bietet. Die Kunden wählen nach Standort, Leistungsumfang sowie Sympathie und buchen über *Perspekto*. Der Vorteil liegt für den Klienten ganz klar in der Übersichtlichkeit des Angebots. Doch eine Garantie für gutes Coaching erhält er dadurch natürlich nicht.

Wer im Internet unter den Stichworten „Coaching" und „Training" sucht, erhält eine schier endlose, unübersichtliche Liste von Anbietern. Interessenten werden damit allein gelassen. Zwar gibt es Verbände wie die bereits 1989 gegründete *Deutsche Gesellschaft für Supervision und Coaching* (DGSv), die auch Coaches empfehlen oder die 1994 gegründete *European Coaching Association* (ECA) – doch greifen sie selbstverständlich hauptsächlich auf ihre Mitglieder zurück, was die Qualität des Coachings nicht unbedingt garantiert. Ähnlich der Suche nach einem guten Rechtsanwalt, sind Interessenten also auf Empfehlungen von Freunden, Bekannten und Kollegen angewiesen oder müssen auf ihre eigene Intuition vertrauen. Nicht selten endet der erste Kontakt mit einem Coach daher in Frustration und mit dem festen Vorsatz, nie wieder mit einem Coach zusammenzuarbeiten. Zum Glück für die Anbieter wird dieser Vorsatz jedoch – wie so viele andere – oft nicht eingehalten, sodass Klient und passender Coach schließlich doch zueinanderfinden.

Etwas transparenter geht es in der Trainerszene zu. Das liegt aber hauptsächlich daran, dass vor allem Unternehmen Auftraggeber für Trainer sind, die nicht nur einen hohen Qualitätsstandard erwarten, sondern meist auch einen Pool von Anbietern haben, auf den sie regelmäßig zurückgreifen. Ähnlich wie in der Unternehmensberatung gibt es im Trainerbereich daher einige große Firmen, die den Markt dominieren und von kleineren Anbietern und selbständigen Trainern je nach Auftragslage flankierend unterstützt werden.

Daneben existiert besonders im Coaching-Bereich ein bunter Strauß an Einzelpersonen, die sich häufig auf Teilbereiche spezialisieren und darin eine mehr oder weniger große Bekanntheit erlangen. Zu den Berühmtheiten der Szene gehört beispielsweise Anselm Grün. Der Benediktinermönch begleitet Menschen als Coach auf ihrem spirituellen Weg. Darüber hinaus schrieb er zahlreiche Bücher zu Themen wie „Die hohe Kunst des Älterwerdens" (2007), „Versäume nicht dein Leben!" (2014), „Von der Kunst, Leere in Fülle zu verwandeln" (2024) und „Achtsam sprechen – kraftvoll schweigen" (2013). Seine mönchische Erscheinung verleiht ihm bei vielen Menschen Glaubwürdigkeit. Andere Coaches versuchen, ihr Publikum mit ausgefallenen Praktiken zu finden. So Alexander Hartmann, der als Hypnose-Coach auftritt, Patric Heizmann, Experte für Ernährung und Gesundheit, der Menschen zu einem aktiven Lebensstil motivieren möchte und Sophia Thiel, die als Fitness-Coach ihre Klienten dabei unterstützt, ein gesundes Leben zu führen.

Der Karriereweg vieler Coaches ähnelt sich. Sie arbeiten meist auf einem Gebiet, das mit ihrem eigenen Leben korrespondiert. Nach ersten Anfängen erlangen sie oft über Bücher oder neuerdings auch die sozialen Medien eine gewisse Aufmerksamkeit, die sie dazu verwenden, möglichst viele Klienten zu betreuen. Manche erreichen einen nachhaltigen Erfolg, weil sie tatsächlich etwas für die Menschen bewirken oder es wie

Anselm Grün schaffen, eine Aura der Wahrhaftigkeit um sich zu errichten. In diesem Fall hängen ihnen ihre Anhänger an den Lippen und saugen jedes Wort auf. Im Trainerbereich schafften zum Beispiel Jürgen Höller, Bodo Schäfer und Dirk Kreuter diesen Nimbus.

Ein besonderes Phänomen ist sicherlich gerade Dirk Kreuter. Er blieb sich nicht nur über viele Jahrzehnte thematisch treu, sondern schaffte es auch immer wieder, sich überraschend weiterzuentwickeln. So gelang ihm zum Beispiel der Sprung auf die große Bühne, nachdem er lange als Seminaranbieter gearbeitet hatte. Später legte er einen grandiosen Einstieg in die Welt der Webinare und Online-Veranstaltungen hin. Er ist extrem wandelbar, ohne sich dabei selbst thematisch oder menschlich zu verraten. Das honoriert sein Publikum. Inzwischen füllt Dirk Kreuter problemlos auch die größten Hallen. Zu verdanken hat er diesen Erfolg auch seiner Neugier, die ihn zu immer neuen Erkenntnissen und Formaten treibt. Wo andere zögern, greift er beherzt zu. So scheut er sich auch nicht vor Veränderungen. Dirk Kreuter war weltweit einer der ersten Trainer, der die Onlinewelt für sich entdeckte. Inzwischen finden sich im Netz unter anderem tausende Videos und Podcasts von ihm. Sein Publikum schätzt seine Dauerpräsenz. Zumal er besonders darauf achtet, professionell aufgemachte Inhalte zu erstellen, mit denen die Menschen wirklich etwas anfangen können. Der Erfolg gibt Dirk Kreuter recht. Tausende Teilnehmer strömen in jede seiner Veranstaltungen, um ihn live zu erleben, und er genießt den direkten Kontakt zu seinem Publikum, das seine Botschaften in Sachen Verkauf und Selbstoptimierung geradezu aufsaugt. Was Dirk Kreuter zu einem Phänomen macht, ist neben seiner unglaublichen Beständigkeit aber vor allem seine Authentizität. Er steht dazu, worüber er spricht, und setzt selbst erfolgreich in seinem eigenen Unternehmen um, was er seinem Publikum rät. Dirk Kreuter agiert aus eigener Erfahrung, das merkt jeder, der ihm zuhört. Seine besondere Leidenschaft gilt dem Verkauf und dem Unternehmertum. Er ist niemand, der nur viel redet. Dirk Kreuter handelt auch nach dem, was er sagt. Das kommt bei seinen Teilnehmern an.

Dies ist aber nur eine Variante des Berufs der Coaches und Trainer. Die andere ist harte Arbeit mit den Klienten, um sie ihre Wünsche und Ziele erreichen zu lassen. Dabei steht der einzelne Mensch im Fokus und nicht das große Publikum. Die Mehrzahl der Coaches und Trainer arbeitet auf diesem Level.

## Ein vergleichender Blick auf die Branche in Europa, Asien und die Vereinigten Staaten

Coaching und Training gewinnen weltweit an Bedeutung, um individuelle und organisatorische Leistungen zu steigern. Dabei variieren die spezifischen Trends und Entwicklungen je nach globaler Region. Doch die Nachfrage nach professionellem Coaching und Training ist derzeit weltweit hoch.

Interessant ist ein Vergleich zwischen Europa, den Vereinigten Staaten und Asien. Besonders in den Schwerpunktthemen von Coaching und Training zeigen sich große Differenzen, die einiges über wirtschaftliche und kulturelle Unterschiede zwischen den Kontinenten aussagen. So sind die häufigsten Coaching-Themen in Europa: Führung, Kommunikation und Work-Life-Balance. Menschen in Asien beschäftigen sich dagegen besonders mit Stressmanagement, interkultureller Kommunikation und persönlicher Entwicklung, während in den Vereinigten Staaten Karriereplanung bis hin zu persönlichem Wachstum im Vordergrund stehen. Daneben gibt es natürlich in allen Ländern eine Vielfalt an Themen, die ebenfalls behandelt werden, aber eine eher untergeordnete Rolle spielen und vor allem keine Trends erkennen lassen.

Vor der Pandemie dominierte Präsenz-Coaching in Europa. Während der Lockdowns und Kontaktbeschränkungen gewann Online-Coaching stark an Beliebtheit, verlor jedoch schnell an Schwung, sobald persönliche Begegnungen wieder möglich waren. Aktuelle Daten zeigen, dass Präsenz-Coaching an Bedeutung gewinnt, das Online-Coaching sich aber durchaus etablieren konnte und weiterhin für viele Menschen ein mögliches Format darstellt. Ähnlich wie in Europa erlebte auch Asien einen Trend zum Online-Coaching. Dort setzte es sich allerdings aufgrund seiner Flexibilität und Reichweite als beliebte Option stärker als in Europa durch. Die Klienten schätzen die grenzüberschreitenden Angebote und nutzen gezielt Chancen, unkompliziert mit angesagten Coaches und Trainer arbeiten zu können. Die Vereinigten Staaten waren dagegen schon länger ein Vorreiter in der Nutzung digitaler Plattformen für Coaching und Training. Entsprechend gewann Online-Coaching bereits weit vor der Pandemie an Popularität, die es auch bis heute nicht verloren hat.

Die Bruttohonorare von Coaches sind auf den Kontinenten annähernd gleich, wobei Europa beim durchschnittlichen Einkommen die Nase leicht mit einem Gesamteinkommen von 90.038 Euro vorne hat. Denn durchschnittlich verdienen Coaches sowohl in den Vereinigten Staaten als auch in Asien nur zwischen 50.000 und 80.000 Euro. Allerdings haben die USA eine der am besten etablierten Coaching- und Trainerbranchen weltweit. Die Spitzengehälter wirklich anerkannter Coaches und Trainer liegen dort deshalb um ein Vielfaches höher als in Europa und Asien. Superstars der Branche sind Top-Verdiener. Doch Anfänger und nur regional arbeitende Coaches werden im Vergleich zu Europa mit einem durchschnittlichen Stundensatz von 168,13 Euro eher unterdurchschnittlich entlohnt. Auch in Asien kommen Neulinge und unbekanntere Coaches nur auf einen Stundenlohn von 60 Euro. Es ist allerdings gerade in Asien ratsam, Dumpingpreise zu vermeiden, um einen seriösen Eindruck zu hinterlassen. Angestellte Coaches verdienen durchschnittlich etwa 3.350 Euro. Nach zehnjähriger Berufspraxis kann sich ihr Gehalt auf ungefähr 4.000 Euro steigern. Einkommen variieren in Asien allerdings sehr stark je nach Land und Region.

Interessant ist übrigens, dass in den Vereinigten Staaten Lifestyle-Coaches mit einem durchschnittlichen Jahreseinkommen von 80.000 Euro etwas besser bezahlt werden als Business-Coaches, die nur auf ein durchschnittliches Honorar von 76.541 Euro kommen. Sicherlich ein marginaler Unterschied, der aber doch auf eine gewisse Ausrichtung der US-amerikanischen Gesellschaft hinweist.

Bei der Coaching-Ausbildung gibt es tatsächlich große Unterschiede zwischen Europa, den Vereinigten Staaten und Asien. So gibt es in Europa eine Vielzahl von Coach-Ausbildungen von verschiedenen Anbietern. Die *International Coach Federation* (ICF) akkreditiert spezifische Coach-Ausbildungen nach standardisierten Kriterien. Diese Programme müssen sowohl mit der ICF-Definition von Coaching als auch mit den Kernkompetenzen und dem Ethikkodex der ICF übereinstimmen. Unterschieden werden verschiedene Akkreditierungsstufen. Level eins umfasst zum Beispiel mindestens 60 Ausbildungsstunden, während Level zwei 125 Ausbildungsstunden erfordert, einschließlich Mentoring und Coaching-Assessments. Neben ICF-akkreditierten Programmen bieten europäische Länder auch weitere zertifizierte Coach-Ausbildungen an, die den strengen Richtlinien des *Deutschen Coaching Verbands* (DCV) entsprechen.

In den Vereinigten Staaten wird eine breite Palette von Coach-Ausbildungen angeboten – sowohl von Universitäten als auch von privaten Anbietern. Einige Programme sind ICF-akkreditiert, während andere spezifische Schwerpunkte verfolgen, wie zum Beispiel Business-Coaching, Life-Coaching oder Executive-Coaching. Viele Coaches in den USA streben allerdings die ICF-Zertifizierung an, um ihre Fähigkeiten und Qualifikationen zu validieren. Die ICF bietet in den Vereinigten Staaten verschiedene Zertifizierungsstufen, darunter *Associate Certified Coach* (ACC) und *Professional Certified Coach* (PCC).

In Asien wächst das Interesse an Coaching-Ausbildungen stetig. Länder wie Indien, China und Japan haben eine zunehmende Anzahl von Coach-Ausbildungsprogrammen, die sich derzeit mehr oder weniger noch im Aufbau befinden. Die Coaching-Methoden und -Ansätze können in Asien aufgrund kultureller Unterschiede zum Teil sehr stark variieren. Einige Programme integrieren beispielsweise traditionelle asiatische Weisheit und Philosophie in ihre Ausbildung. Darüber hinaus gibt es eine große Nachfrage nach spezialisierten Coach-Ausbildungen, die sich auf Themen wie Mindfulness-Coaching, Leadership-Coaching und Wellness-Coaching konzentrieren.

## Internationales Coaching und Training

Doch es bleibt längst nicht mehr bei einem Vergleich zwischen Europa, den Vereinigten Staaten und Asien. Heute sehen sich Coaches und Trainer aus vielen Nationalitäten, Regionen und Kulturen der anspruchsvollen Aufgabe gegenüber, eine internationale Klientel betreuen zu sollen. Denn immer mehr Menschen arbeiten für internationale Unternehmen und müssen sich deshalb auf internationale Themen, sprachliche Vielfalt und interkulturelle Konflikte einstellen. Dafür benötigen sie professionelle Unterstützung von erfahrenen Coaches und Trainern, die zum Beispiel in der Lage sind, auf spezifische Herausforderungen einzugehen, die sich aus der globalen Geschäftstätigkeit ergeben. Findet das Coaching dabei nicht in der Muttersprache des Klienten statt, erfordert dies besondere Sensibilität und Anpassungsfähigkeit. Coaching kann sich dabei auf Themen wie Fusionen, internationale Expansion oder eine anstehende Entsendung ins Ausland konzentrieren. Besonders Führungskräfte, die Mitarbeiter unterschiedlicher Herkunft führen, stehen oft vor kulturellen Unterschieden und Konflikten.

**Stufen fortschreitender Internationalisierung**

1. **Export und Kunden im Ausland**

   Nationales Unternehmen, das seine Produkte oder Dienstleistungen ins Ausland exportiert

2. **Lizenzen und Franchising**

   Vergabe von Lizenzen oder Franchising

3. **Joint Ventures und Exportniederlassungen**

   Zusammenarbeit mit Partnern im Ausland

4. **Produktionsniederlassungen im Ausland**

   Unternehmen mit Produktionsstätten in verschiedenen Ländern

5. **Globalunternehmen**

   Forschung, Entwicklung, Produktion und Vertrieb an verschiedenen Standorten weltweit

Je weiter fortgeschritten die Internationalisierung, desto mehr verschiedene Kulturen müssen von Führungskräften und Mitarbeitern in der täglichen Zusammenarbeit beachtet werden. Dabei umfasst der Begriff der „Kultur" nicht nur eine Landeskultur, sondern auch Fragen zur Unternehmenskultur: Sichtweisen zur Entscheidungsfindung, Zusammenarbeit, zu Visionen und Strategien können sich je nach Nationalität, Region und Kultur sehr stark voneinander unterscheiden.

Vor diesen Herausforderungen stehen zunehmend auch Coaches und Trainer, wenn sie für international agierende Unternehmen tätig sind. Der Coach muss die Realität, den Kontext und die Sprache des Klienten verstehen und respektieren, um positive Ergebnisse erzielen zu können. So zeigen Studien beispielsweise, dass Führungskräfte sich maximal neun Minuten mit einem Thema beschäftigen, bevor sie sich einem neuen zuwenden. Die Aufgabe des Coaches ist es also in einem solchen Fall, die Sitzung abwechslungsreich zu gestalten, um die Führungskraft möglichst lange zu interessieren und so überhaupt mit ihr arbeiten zu können.

Insgesamt erfordert Coaching im internationalen Kontext eine breite Perspektive, kulturelle Sensibilität und die Fähigkeit, sich auf vielfältige Situationen einzustellen. Es ist eine spannende Reise, bei der sich die Welt des Coachings mit den globalen Herausforderungen verknüpft.

## Dubioses und Kurioses:
## Von Mehmet Ercan Göker bis zu Tobias Beck

Der Begriff Coaching wird vielfach unterschiedlich definiert. Beispielsweise als Prozess, bei dem Einzelpersonen Feedback, Einblick und Anleitungen erhalten, um ihr volles Potenzial im Geschäfts- und Privatleben zu entfalten. Oder auch als eine Sammlung praktischer Fähigkeiten und Denkweisen, die gleichermaßen das Potenzial des Coachees wie auch des Coaches fördert. Manchmal wird Coaching darüber hinaus als professionelle Beziehung beschrieben, die Klarheit über Möglichkeiten gewinnt, Ziele setzt und Aktionspläne zur Zielerreichung entwickelt. Vielleicht ist auch die kürzeste Definition die beste: Eine Strategie, um Menschen bei der Entwicklung ihres vollen Potenzials und der Erreichung ihrer Ziele zu unterstützen.

Es ist auf jeden Fall kurios, dass oft unklar bleibt, was genau unter dem Begriff Coaching zu verstehen ist. Klienten haben deshalb meist keine genaue Vorstellung, welche Erwartungen sie an einen Coach stellen dürfen und ob ein Coaching ihnen überhaupt nützlich sein kann.

In dieses Vakuum der Verständnislosigkeit stoßen immer wieder dubiose Anbieter selbstentwickelter und vollmundig angepriesener Allheilmittel, insbesondere im Bereich des Lifestyle-Coachings, des Motivationstrainings sowie der Spiritualität.

### Der Bad Boy der Coaching-Szene

Einer dieser schillernden Figuren im deutschen Coaching-Markt ist Mehmet Ercan Göker (Jahrgang 1979). Der türkische Unternehmer ist bekannt für seine unvergleichlichen Verkaufsfähigkeiten. Sein Motto lautet: „Gebe niemals auf! Niemals!" Göker gründete bereits im Alter von 22 Jahren seine erste Firma, die sich auf Maklergeschäfte mit Versicherungs- und Bausparverträgen spezialisierte und wurde mit 25 Jahren zum Millionär. Sein Vermögen erreichte mit 29 Jahren eine beeindruckende Viertelmilliarde. Er besaß Privatwohnungen, Villen auf zwei Kontinenten, einen eigenen Privatjet, Helikopter, Luxus-Sportwagen von *Ferrari* oder *Rolls-Royce* und führte einen luxuriösen Lebensstil.

Doch mit 31 Jahren verlor er alles und stand vor Millionenschulden. Grund war die Übernahme der *Aragon AG* durch sein Unternehmen *MEG* (Mehmet Ercan Göker) im Jahr 2009. Denn kurz nach dem Zusammenschluss wurde das Insolvenzverfahren über das Vermögen der *Aragon AG* eröffnet, das mehrere Verfahren nach sich zog. Daraufhin setzte sich Göker in die Türkei ab, um seiner Verhaftung zu entgehen. Im August 2014 wurde bekannt, dass er von der Türkei aus wieder auf dem deutschen Versicherungsmarkt aktiv ist und die *Finanz Check Rhein-Main GmbH* für seine Geschäfte nutzt. Einen Fuß auf deutschen Boden setzte er seitdem nicht mehr. Göker war wegen verschiedener Vorwürfe angeklagt, darunter Steuerhinterziehung, Beitragsvorenthaltung, Untreue und Insolvenzverschleppung. Er wurde zu einer Geldstrafe verurteilt und musste umfangreiche Nachzahlungen leisten. Die Staatsanwaltschaft ermittelte auch wegen Verrats von Geschäftsgeheimnissen. Zudem wird Göker bis heute mit einem siebenseitigen internationalen Haftbefehl gesucht.

Sein Geschäftsmodell basiert auf einem Vertriebssystem namens „Göker-Konzept", bei dem telefonisch „Tarifoptimierungen" zu Krankenversicherungen verkauft werden. Trotz aller Rückschläge kam Göker wieder auf die Beine. Der heute 45-jährige gründete ein Millionenunternehmen in der Türkei und fasste auch als Coach Fuß. Er bietet die MEG Masterclass 2.0 an (wobei MEG diesmal für Marketpeak Excellence Coaching steht), in der er persönlich Teilnehmer unterstützt, um ihre Ziele zu erreichen. Die Nachfrage ist stark, und die Teilnehmer arbeiten eng und intensiv mit ihm zusammen. Allerdings ausschließlich digital oder in der Türkei. Sein Coaching basiert auf seinen eigenen Erfahrungen und Erfolgen im Unternehmertum. Obwohl seine Vergangenheit äußerst umstritten ist, erhält er als Coach regen Zulauf und teilt seine umfangreichen unternehmerischen Erfahrungen, Strategien und Techniken, um anderen zu helfen, ihre Ziele zu erreichen. Dabei ist er selbst das beste Beispiel dafür, dass trotz Höhen und Tiefen im Geschäftsleben, Durchhaltevermögen und Verkaufsfähigkeiten wichtige Faktoren für Erfolg sein können. Das erhöht insgesamt seine Glaubwürdigkeit für den Kreis seiner Anhänger, wobei sein ihm vorauseilender Ruf als „Bad Boy" innerhalb einer gewissen Klientel sicher dazu beiträgt, seine Fähigkeiten zu übersteigern und jedes seiner Worte für Gold zu halten.

### Aus den Lüften auf die Bühne

In der Coaching Branche ist es wie auch auf anderen Marktplätzen: Wer ein Image hat, wird gesehen und gebucht. Deshalb geht es für Anfänger und Neulinge vor allem zunächst darum, sich einen Ruf zu erarbeiten. Manche bringen ihn aus vorherigem Tun bereits mit, während andere ihr Image in der Branche selbst aufbauen. So einer ist Tobias Beck (Jahrgang 1979).

Seine Karriere begann nicht gerade mit positiven Ausrufezeichen. Nach eigenen Angaben flog er aus Kindergarten, Grundschule und mehreren Gymnasien, bevor er doch noch sein Abitur schaffte. Er kämpfte mit einer Lernschwäche, arbeitete zunächst als Flugbegleiter und Rettungssanitäter. Dann studierte Beck Psychologie und Kommunikationswissenschaften, absolvierte eine Ausbildung zum professionellen Speaker in den USA bei Größen wie Anthony Robbins, Blair Singer, George Zalucki und T. Harv Eker. Im Jahr 2001 gründete der heute 47-jährige die *Tobias Beck Academy* und bildet seitdem erfolgreich Menschen als Speaker und Leader aus. Seine Trainings und Auftritte werden von der *Wirtschaftswoche*[5] als Edutainment und eine neue, moderne Art des Lernens beschrieben. Tobias Beck betont dabei stets die Bedeutung von freiem Sprechen. Wer Schwierigkeiten beim Public Speaking habe, werde seltener gebucht, gewinne weniger zahlungskräftige Kunden und verdiene weniger Geld. Darüber hinaus entwickelte Beck ein wissenschaftliches Tiermodell für Persönlichkeitstypen. Mit seinem kostenlosen Persönlichkeitstest können Menschen ihren Tier Typ entdecken und Tipps für Erfolg und Beziehungen erhalten. Allerdings sind seine teilweise unkonventionellen Methoden umstritten. Es gibt dazu immer wieder öffentliche Irritationen. Vor einigen Jahren deckte ein vernichtender Artikel über ihn auf, dass seine Seminare zum Teil von Mitarbeitern geführt werden.

Trainer und Coaches bauen stets mit ihrer eigenen Geschichte und ihren persönlichen Stärken Bekanntheit auf, etablieren damit ein Geschäftsmodell und weiten es später durch ergänzende Ideen aus. Entscheidend für ihren Erfolg ist ein Netzwerk an überzeugten Klienten, dass sie im Laufe der Zeit knüpfen.

---

[5]*Wirtschaftswoche*, Die Prediger des Erfolgs, 2019

### Einige schwierige Coaching-Typen

Doch abgesehen von interessanten und manchmal auch ein wenig kuriosen Persönlichkeiten gibt es in der Coaching-Szene auch Anbieter eher zweifelhafte Praktiken. Dazu gehören zum Beispiel der Wunderheiler, der magische Lösungen für alle Probleme ohne eigene Anstrengung des Klienten verspricht und Esoteriker, die Coaching mit spirituellen Praktiken, Kristallheilung und Tarotkarten verbinden. Zwar ist es nicht falsch, spirituelle Ansätze zu nutzen, doch sollte ein Coach dabei stets auf wissenschaftlich fundierte Methoden zurückgreifen und nicht ausschließlich auf Esoterik setzen.

Zur Vorsicht geraten sei auch bei sogenannten Dränglern, die Druck ausüben, damit sich ein Klient schnell für ihre Dienste entscheidet. Seriöse Coaches lassen Interessenten immer ausreichend Zeit, eine mögliche Zusammenarbeit zu überdenken und führen informative Vorgespräche. Darüber hinaus gibt es Vertragsfetischisten, die auf langen und komplizierten Verträgen mit einem Labyrinth aus Klauseln bestehen. Auch in diesen Fällen sei zur Vorsicht geraten. Es sollten lediglich die Rahmenbedingungen des Coachings transparent und leicht verständlich schriftlich festgelegt werden. Mehr braucht es nicht, um mit einem erfolgreichen Coaching zu starten.

Dann gibt es den Guru, der sich für allwissend hält und erwartet, dass ihm seine Klienten bedingungslos folgen. Der Geheimniskrämer macht keine klaren Auskünfte zu seinen Qualifikationen, Methoden und Erfahrungen. Besondere Vorsicht ist bei Coaches geboten, die über keine transparente Preisstruktur verfügen und ständig neue Angebote unterbreiten. Aufgepasst auch bei einem Coach, der mit einer einzigen Methode arbeitet, die angeblich für alle Herausforderungen supergenau passt. Manchmal sind unseriöse Coaches daran zu erkennen, dass sie tausende Follower zum Beispiel auf *Instagram* haben, aber über wenig echte Erfahrung verfügen. Alle

Alarmlampen sollten auf jeden Fall hochrot aufleuchten, wenn ein Coach darauf verweist, hinter jedem Problem seiner Klienten stecken die Illuminaten. Denn seriöse Coaches bewegen sich auf jeden Fall auf dem Boden der Realität und arbeiten mit nachvollziehbaren Ansätzen.

## Seriöse von unseriösen Coaches unterscheiden

Was vielleicht im ersten Moment lustig klingt, hat einen sehr ernsten Hintergrund. Zahlreiche Menschen sind bereits auf unseriöse Coaches hereingefallen. Gerade weil die Szene in Teilen intransparent und auch undurchschaubar ist, fällt es Interessenten oft schwer, den für sie richtigen Anbieter zu finden und nicht auf Scharlatane hereinzufallen.

### Wichtige Anhaltspunkte

1. **Kein Vorgespräch**

   Ein seriöser Coach wird immer ein Vorgespräch anbieten, um einen Interessenten kennenzulernen und sein Anliegen zu besprechen. Also Vorsicht, wenn kein Vorgespräch angeboten wird.

2. **Vertragsabschluss**

   Seriöse Coaches verschriftlichen die Rahmenbedingungen ihrer Arbeit transparent und verständlich.

3. **Entscheidungsdruck**

   Ein seriöser Coach lässt Interessenten ausreichend Zeit, eine mögliche Zusammenarbeit zu überdenken.

4. **Verkaufsgespräch**

   Wenn das Vorgespräch nicht auf die Bedürfnisse des Interessenten, sondern stark in Richtung Verkauf fokussiert ist, könnte es sich um einen unseriösen Coach handeln.

5. **Auskünfte**

   Ein seriöser Coach sollte transparent sein und alle Fragen von Interessenten zu ihrer Zufriedenheit beantworten. Zudem legt er zumindest auf Nachfrage seine Qualifikationen offen.

6. **Versprechungen**

   Macht ein Coach blumige und offensichtlich unrealistische oder zumindest übertriebene Versprechungen, spricht das nicht unbedingt für seine fachliche Qualität.

7. **Transparenz im Honorar**

   Seriöse Coaches bepreisen ihr Honorar transparent und im Voraus.

8. **WIE-Methoden**

   Wirbt ein Coach mit einer angeblichen Wundermethode, ist auf jeden Fall Vorsicht angebracht. Coaching ist ein arbeitsreicher Prozess, für den es keine Abkürzung gibt. Manche Methoden mögen im Einzelfall zwar hilfreicher sein, aber Wunder bewirken auch sie nicht.

Bei der Auswahl des richtigen Coaches hilft es meist zudem, auf das eigene Bauchgefühl zu vertrauen. Nicht immer muss der fachlich qualifizierteste Coach auch der im Einzelfall beste sein. Coaching basiert außerordentlich stark auf dem Vertrauen zwischen Coach und Klient. Wenn die Chemie stimmt, werden die persönlichen Ziele oft passgenauer, effektiver und vor allem weitaus schneller erreicht. Deshalb muss die Auswahl eines Coaches in nur drei gut überlegten Schritten erfolgen: Zuerst ist unbedingt und sehr genau zu überprüfen, ob es sich um einen seriösen Coach handelt, darüber hinaus sollten auf jeden Fall Chemie und vertragliche Bedingungen stimmen. Sind diese drei Punkte zweifelsfrei erfüllt, steht einem erfolgreichen

Coaching nichts mehr im Weg. Wer unsicher ist oder irgendwie ein ungutes Gefühl verspürt, sollte sich besser nach einem anderen Coach umschauen. Oft hilft das eigene Netzwerk dabei, aus dem heraus jemand einen guten Coach nach eigener Erfahrung uneingeschränkt empfehlen kann.

# 4
# Ein Pionier der Unternehmensberatung

Wer kennt nicht den Namen *Roland Berger*? Das in München ansässige Unternehmen ist die bekannteste deutsche Unternehmensberatung. Sie bleibt eng verbunden mit dem Namen ihres Gründers, obwohl sich der heute über 80-Jährige Pionier längst zurückgezogen hat. Doch Roland Berger prägt die Beraterlandschaft wie kein zweiter in der Bundesrepublik.

Er gründete sein Unternehmen 1967 in einer Zeit, in der vor allem Ingenieurbüros, Technik- und Organisationsberater mit fünf bis zehn Mitarbeitern den Markt dominierten. Darüber hinaus waren nur noch *Kienbaum* und das *RKW Rationalisierungs- und Innovationszentrum der Deutschen Wirtschaft e.V.* direkt in der Bundesrepublik aktiv. Letzteres förderte vornehmlich bereits seit 1921 Produktivität und Wirtschaftlichkeit kleiner und mittlerer Unternehmen. „Große amerikanische Beratungsfirmen wie *McKinsey* und *Boston Consulting* betreuten ihre deutschen Kunden damals noch von London aus", erinnert sich Roland Berger. Hauptsächlich unterstützten sie das Top Management bei Umstrukturierungen und Kostenoptimierungen. „Was es noch nicht gab, war Strategieberatung." Diese Lücke eröffnete Roland Berger die Chance auf seinen Markteintritt. „Zunächst arbeitete ich bis 1974 als

Freiberufler, auch als ich schon Mitarbeiter hatte. Dadurch war die Gewerbesteuer günstiger", lächelt Roland Berger. Erst als sein Unternehmen wuchs und die Marke von zwanzig Mitarbeitern überschritt, wandelte er es in eine Gesellschaft mit beschränkter Haftung (GmbH) um. Ein wesentlicher Erfolgsfaktor für die junge Firma war von Anfang an: „Es gelang uns, auch im Wachstum den Kunden klarzumachen, dass ich der wesentliche Berater bin. Tatsächlich habe ich damals bei fast jedem Projekt mitgemacht." Ein zweiter Erfolgsfaktor war ebenso bedeutsam: „Wir boten unsere Dienste grundsätzlich zehn Prozent günstiger als die Amerikaner an. Dabei waren wir immer noch teurer als alle anderen Beratungen in Deutschland und äußerst profitabel, weil wir sowohl das Top-Management berieten als auch Strategieberatung leisteten." Die Beraterlandschaft gliederte sich in der frühen Bundesrepublik vor allem in drei Kategorien auf:

1. Strategieberatung

2. Organisations- und Prozessberatung mit technischem Background hauptsächlich für den Mittelstand

3. Wirtschaftsprüfer, die nach und nach Beratungsabteilungen gründeten

Anfang der 2000er Jahre kam als vierte Kategorie die IT-orientierte Beratung hinzu.

„Zu Beginn war es relativ schwierig, Beratung zu verkaufen", erinnert sich Roland Berger. „Doch schon bald haben die Menschen gemerkt, dass Arbeitsteilung wesentlich produktiver ist." Das gelte vor allem für Veränderungsthemen wie die Globalisierung. „Außerdem traten wir als inhabergeführtes Unternehmen anders auf als die amerikanischen Beratungsfirmen." Roland Berger ergänzt mit sichtlichem Stolz: „Was wir machten, war für Deutsche und Europäer ziemlich neu."

## Die einzigartigen Ansätze von Unternehmensberater Roland Berger

1. „Bei uns betreuten Unternehmer Unternehmen."
2. „Wir schrieben nicht nur Charts, sondern waren umsetzungsorientiert. Ich konnte mir nie vorstellen, nur Konzepte abzuliefern und sie nicht selbst umzusetzen."
3. „Mein Name machte den entscheidenden Unterschied. Ich war der Gründer und brachte mich recht viel selbst an allerlei Projekte ein."
4. „Wir arbeiteten sehr kreativ. Dabei definierten wir Probleme unserer Kunden und führten sie an die Lösungen heran. Auf diese Weise durften wir viele Innovationen begleiten."
5. „Grundsätzlich banden wir die Mitarbeiter unserer Kunden in Projekte ein. Auch den Betriebsrat. Konzepte wurden gemeinsam entwickelt. So gelang es uns, nicht als Abgesandte des Arbeitgebers abgelehnt zu werden, sondern ein echtes Team mit allen Beteiligten zu bilden."

Roland Berger entwickelte sich allmählich zur Marke. Auch, weil manche Projekte Furore machten. So beriet die Firma das Touristikunternehmen *Touropa*, das seit 1951 bezahlbare Ferienreisen für eine breite Gesellschaftsschicht anbot. Weil damals der Zug das vorwiegende Transportmittel war, arbeitete *Touropa* unter anderem eng mit der damaligen Bundesbahn zusammen. Ein sichtbares Ergebnis dieser gemeinsamen Arbeit war die Entwicklung des Liegewagens. Darüber hinaus bot *Touropa* in den 1970er Jahren als erster Großveranstalter seinen Kunden die Möglichkeit der FKK-Reisen an. Trotz dieser Innovationen bekam das Reiseunternehmen Schwierigkeiten mit seinem Vertriebskonzept. Eine große Herausforderung waren Anbieter wie unter anderem *Neckerman*, die durch Kataloge eine große Präsenz in den Wohnzimmern der Kunden fanden. Roland Berger initiierte die Gründung eines gemeinsamen Touristikunternehmens durch *Touropa, Scharnow-Reisen, Hummel-Reisen* sowie *Dr.-Tiggers-Fahrten*. Ab 1974 fusionierte das Management der beteiligten Firmen. Der Name des neuen Players: *Touristik Union International* – heute besser bekannt als *TUI*. „Aus dem Ausbau des Vertriebskonzept entstand auf unsere Anregung und mit unserer Hilfe der größte Touristikkonzern der Welt", sagt Roland Berger. „Das meine ich mit Kreativität. Wir dachten einfach weiter, waren nicht in eingefahrenen Strukturen und Denkmustern verhaftet."

Der Erfolg gab Roland Berger recht. Bald arbeitete das Beratungsunternehmen international. Mit der Eröffnung einer Mailänder Niederlassung gab Roland Berger bereits 1969 das Startsignal. „Wir gingen nach Europa und Asien", erzählt der Gründer. „Die angelsächsischen Länder überließen wir den großen amerikanischen Firmen." Auch die damaligen Schwellenländer im mittleren Osten und Südost Asien bezogen die deutschen Berater ein. Bald wurde Roland Berger hinter *Boston Consulting* zur Nummer zwei in Japan. Da war die Firmensprache auch in der Münchner Zentrale längst Englisch. „Wir stellten in den neuen Ländern lokale Mitarbeiter ein, um die Kultur unserer dortigen Kunden zu verstehen." In China stellte sich dem expandierenden Unternehmen anfangs das gleiche Problem wie in Deutschland. „Die Chinesen waren gewohnt, zu kaufen, was sie anfassen konnten", erinnert sich Roland Berger. „Sie wollten zunächst nur Geschäfte auf Erfolgsbasis abschließen." Geholfen habe die Einführung der gesetzlichen Pflicht für Unternehmen, Testate von Wirtschaftsprüfern einzuholen. „Die konnten die Chefs auch nicht anfassen und so gewöhnten sie sich allmählich daran, für unsere immaterielle Dienstleistung zu bezahlen."

### Eine europäische Erfolgsgeschichte

Heute ist das Unternehmen *Roland Berger* die führende Strategieberatung europäischen Ursprungs und mittlerweile mit rund 3.000 Mitarbeitern und 52 Niederlassungen in 34 Ländern weltweit aktiv. Ihre Anfänge sind eng verknüpft mit den persönlichen Erfolgen des Gründers. Das *Handelsblatt* schildert den *TUI*-Deal als Bergers Meisterstück, der ihn mit einem Schlag berühmt machte: „Kaum selbstständig, entwickelt er für das Touristikunternehmen *Touropa* eine neue Marketingstrategie. *Touropa* ist ein kleiner Auftrag, aber er wird zum Meisterstück. Berger plädiert für die große Lösung, schlägt vor, *Touropa*, *Scharnow*, *Hummel* und *Dr. Tigges* zu fusionieren und daraus *TUI* zu machen. Zum ganz großen Erfolg braucht es jetzt nur noch den Ehrgeiz, die legendäre Zähigkeit."

Nach dem Fall des Eisernen Vorhangs gründete Roland Berger Tochtergesellschaften in Staaten des ehemaligen Ostblocks. Darüber hinaus expandierte das Unternehmen neben Japan und China auch nach Indien. Von 1987 bis 1998 mehrheitlich im Besitz der *Deutschen Bank*, entwickelte sich *Roland Berger* in den 1990er Jahren nach einem Management-Buy-out zu einer Partnerschaft. Die Beratungsgesellschaft ist heute im ausschließlichen Eigentum von rund 230 Partnern. Als Marktführer in Deutschland zählt das Unternehmen international als einzige europäische Beratung zu den führenden Vertretern ihrer Branche. Sie berät international agierende Industrie- und Dienstleistungsunternehmen sowie öffentliche Institutionen unter anderem zu Themen wie Führungs- und Geschäftsmodell, innovative Prozesse und Services sowie beim Management großer Infrastrukturprojekte. Einen Schwerpunkt der Geschäftstätigkeit bilden traditionell die Restrukturierungs- und Strategieberatung.

In den vergangenen Jahren wurde das Angebot neu ausgerichtet. Mit einer Kombination aus Beratung, Technologie und seinem weltweiten Netzwerk bietet die Beratung ihren Kunden einen neuen Ansatz. Dabei entwickelt und bündelt *Roland Berger* das eigene Know-how in globalen Kompetenzzentren, die auf unterschiedliche Branchen und funktionale Bereiche spezialisiert sind. Für jedes Beratungsprojekt stellt das Unternehmen spezielle interdisziplinäre Teams zusammen.

Roland Berger selbst wechselte 2002 in den Aufsichtsrat und blieb bis 2010 dessen Vorsitzender. Seitdem ist er dem von ihm gegründeten Unternehmen als Ehrenvorsitzender des Aufsichtsrats verbunden.

Im Laufe der Jahrzehnte erlebte Roland Berger große Veränderungen in der Branche. „Am Anfang verkauften wir Beratung an die Chefs. Unsere Ansprechpartner waren der Vorstand oder die CEOs." Er erinnere sich an eine Beauftragung von Ferdinand Piech. „Nach sechs bis acht Wochen erhielten wir eine Bestellung vom Einkauf über ein Stück Konzeption", lächelt er rückblickend. „Da haben wir natürlich schon längst gearbeitet." Heute dagegen seien die eigentlichen Kunden die Fachabteilungen. Vorteil: Die Zusammenarbeit mit Experten. Nachteil: Der Einkauf müsse in den Auftrag einwilligen, dadurch sei der Konkurrenzdruck wesentlich größer. „Früher waren unsere Kunden eher leistungssensibel. Heute geht es mehr um den Preis."

Überhaupt hat sich vieles verändert. „Wir haben einen personenbezogenen Job gemacht. Gute Beratung brachte gute Referenzen, mehrfache Beauftragungen und eine gute Kundenbindung bis hin zu echten Freundschaften." Der Umgang miteinander sei zur damaligen Zeit ein komplett anderer gewesen. „Bis heute bin ich auch mit meinen Freunden per Sie", verrät er. „In der Firma duzen sich alle – außer mit mir. Soweit habe ich es nie kommen lassen." Zu offiziellen Anlässen erscheint Roland Berger auch heute noch stets mit Krawatte. „Ich bin so etwas wie eine Konstante in einer sich verändernden Welt", betont er. Unveränderbar sind allerdings aus seiner Sicht die Anforderungen an einen guten Unternehmensberater. Da hat Roland Berger ganz genaue und unverrückbare Vorstellungen.

**Was gute Unternehmensberater ausmacht**

1. Analytisch sein
2. Kreativ sein
3. Menschen mögen und mit ihnen umgehen können
4. Kommunikationsstark sein
5. Ein exzellenter Fachmann sein (das ist überhaupt die Eintrittskarte in die Beraterwelt)
6. Objektiv sein
7. Anständig bleiben
8. Nicht geldgierig sein

„Berater, die wirklich gut sind, verfügen über eine gute Mischung aus diesen Punkten", meint Roland Berger. Sie verdienen in erster Linie Geld für ihre Kunden und nicht für sich, auch wenn die Menschen heute im Allgemeinen geldgieriger seien als früher. „Es ist allerdings nicht so leicht, sowohl analytisch als auch kreativ zu sein. Wer das schafft, dabei gut mit Menschen umgeht und seinen Anstand bewahrt, der ist ein echter Top-Berater", urteilt Roland Berger als Resümee seiner langjährigen Berufserfahrung.

Er selbst hat ein ums andere Mal bewiesen, dass er diese Fähigkeit besitzt. Zum Beispiel, als er Gerhard Schröder im ersten Jahr seiner Kanzlerschaft riet, die Kapitalertragsteuer abzuschaffen. Das hatte weitreichende Folgen. „Allein die *Deutsche Bank* verfügte über dreißig bis vierzig Beteiligungsgesellschaften, um Steuern zu sparen. Jedes große Unternehmen war irgendwie mit jedem anderen großen Unternehmen verbunden. Zusammen bildeten sie die sogenannte „Germany Inc.", erzählt Roland Berger. Doch als Gerhard Schröder tatsächlich zügig die Kapitalertragsteuer abschaffte, zerfiel dieses System sehr schnell. Denn ohne drohende Steuern, konzentrierten sich die Unternehmen wieder mehr auf ihr Kerngeschäft und nahmen rasch Abstand von ihren Beteiligungsportfolios. Die Germany Inc. löste sich zügig auf und es setzte ein stärkerer Wettbewerb unter den Unternehmen ein, durch den auch kleinen und mittelständischen Unternehmen wieder größere Marktchancen zufielen. Auf diese Weise nahm Roland Berger Einfluss auf die wirtschaftliche Gestaltung seines Landes.

Das allerdings war nur möglich, weil er über die richtigen Kontakte verfügte. Sein legendäres Adressbuch enthielt bis vor zehn Jahren 4.000 exzellente Kontakte. Die wollen allerdings auch gepflegt sein. Noch heute schreibt Roland Berger – inzwischen Honorarprofessor der *BTU Cottbus-Senftenberg* und seit 2015 Honorargeneralkonsul von Singapur in Bayern und Thüringen – in jedem Jahr 2.000 Weihnachtskarten. „Ganz persönlich per Hand", betont der legendäre Unternehmer. Wie ist das zu schaffen? „Ich beginne im November und arbeite die Wochenenden durch." Für ihn ist es ganz selbstverständlich. Darin spiegelt sich das Arbeitsethos der alten Bundesrepublik wider. Und vor allem in einem letzten Punkt, den Roland Berger für einen guten Unternehmensberater überaus wichtig findet: „Ein bisschen Charisma muss sein", sagt er bescheiden.

# 5
# Geld

Jahr für Jahr nehmen etwa 6,23 Millionen Erwerbstätige in Deutschland an Weiterbildungsmaßnahmen teil. Die Mehrheit sind Angestellte, die ihr Wissen erweitern (4,4 Millionen). Bei Selbstständigen ist die Zahl mit etwa 659.000 deutlich geringer. Insgesamt bilden sich jährlich rund acht Prozent der 25- bis 64-jährigen Erwerbstätigen weiter. Zum Vergleich: Im Durchschnitt der EU-Mitgliedsstaaten sind es zwölf Prozent. Der Umsatz im B2B-Markt für Weiterbildung liegt bei geschätzten zehn Milliarden Euro.

Dabei ist der Markt für berufliche Weiterbildung sehr vielfältig und umfasst eine breite Palette von Angeboten und Dienstleistungen.

**Umsatz und Wachstum**

1. **Umsatz und Wachstum**

    Weltweit wird der Umsatz im Bereich der beruflichen Weiterbildung auf mehrere Milliarden US-Dollar geschätzt.

    Das Wachstum des Marktes wird durch die zunehmende Notwendigkeit für lebenslanges Lernen, technologische Entwicklungen und den Bedarf an neuen Fähigkeiten vorangetrieben.

2. **Anbieter**

   Der Markt umfasst verschiedene Anbieter wie Bildungseinrichtungen, private Unternehmen, Online-Plattformen, Beratungsunternehmen und staatliche Organisationen.

3. **Themenbereiche**

   Berufliche Weiterbildung deckt eine Vielzahl von Themen ab, darunter IT, Management, Gesundheitswesen, Sprachen, Technik, Soft Skills und mehr.

4. **Trends**

   E-Learning, virtuelle Klassenräume und mobile Apps sind auf dem Vormarsch.

   Personalisierte Lernangebote und flexible Formate werden immer beliebter.

Insgesamt ist der Markt für berufliche Weiterbildung dynamisch und wächst stetig, da die Arbeitswelt sich weiterentwickelt und die Nachfrage nach qualifizierten Fachkräften steigt.

Nehmen wir noch die Unternehmensberatungen mit ihren rund 26.000 Beratungsfirmen allein in Deutschland hinzu, steigt das Volumen deutlich. Denn die Branche verzeichnete in den vergangenen Jahren einen kontinuierlichen Zuwachs und liegt inzwischen bei einem geschätzten Umsatz von rund 50 Milliarden Euro.

Es verwundert nicht, dass Beratung, Coaching und berufliche Weiterbildung insgesamt immer mehr an Bedeutung für den Einzelnen und Unternehmen gewinnen. Die Welt um uns herum wird ständig komplizierter, technischer und damit erklärungsbedürftiger. Hinzu kommen Ängste vor Veränderungen und Verlust. Die Menschen benötigen einerseits immer mehr zusätzliches Wissen, um sich in Beruf und Privatleben überhaupt noch zurechtfinden zu können. Außerdem suchen sie nach Halt, Sicherheit und Hilfestellungen für ihren Alltag, der sich mehr und mehr anspruchsvoll gestaltet. Viele brauchen Struktur, die sie sich nicht selbst geben können. Coaches und Berater übernehmen für sie eine gewisse Leitfunktion, um ihnen einen gangbaren Weg zu weisen.

Unternehmen erkennen mittlerweile die Bedeutung von Coaching und Beratung für die geistige und körperliche Gesundheit ihrer Mitarbeiter. Um deren Leistungsfähigkeit zu erhöhen sind sie bereit in umfangreiches Wissen auf verschiedensten Ebenen zu investieren. Die Größe der einzelnen Etats für berufliche Weiterbildung variiert natürlich je nach Unternehmen und dessen finanziellen Möglichkeiten. Große Unternehmen mit umfangreichen Weiterbildungsprogrammen verfügen zum Teil über beträchtliche Etats, während kleinere und mittelständische Unternehmen begrenztere Mittel zur Verfügung haben. Es gibt allerdings neben der Unternehmensgröße weitere, sehr unterschiedliche Faktoren, von denen Etats beeinflusst werden.

**Faktoren, die Weiterbildungs-Etats beeinflussen**

1. **Branchenzugehörigkeit**

   Branchen mit hohem Innovationsdruck oder spezifischen Anforderungen an die Qualifikation der Mitarbeiter investieren tendenziell mehr in Weiterbildung.

2. **Strategische Ausrichtung**

   Unternehmen, die Weiterbildung als strategisches Instrument zur Mitarbeiterentwicklung sehen, sind eher bereit, entsprechende Mittel bereitzustellen.

3. **Betriebskultur und Prioritäten**

   Die Einstellung des Managements zur Weiterbildung und die Priorisierung von Mitarbeiterentwicklung spielen eine wichtige Rolle.

4. **Fördermittel und staatliche Unterstützung**
Fördermittel von staatlichen Stellen oder anderen Organisationen erhöhen die Etats von Unternehmen.

## Wird die Branche hauptsächlich monetär getrieben?

Erfolgstrainer auf großen Bühnen reden vor tausenden Menschen über Geld. Sie erzählen frei heraus, wie viel Millionen Euro sie verdienen, wie cool ihr Leben ist, was sie sich alles leisten können. Dann erklären sie ihrem Publikum, wie sie so weit gekommen sind und wie einfach es ist, ihnen monetär nachzufolgen. Tagessätze von 15.000 Euro und mehr wabern durch den Raum. Die Teilnehmer bekommen große Augen und lassen sich begeistern. Doch die wenigsten erreichen ihre finanziellen Ziele, auch wenn sie weitaus bescheidener gesteckt sind. Die Schuld für ihr Versagen suchen sie meistens bei sich. Denn sie haben stets vor Augen, dass es funktionieren kann und sie das große Geld verdienen könnten. Der Erfolgstrainer macht es ihnen schließlich vor. Nur sie selbst haben leider nicht das Zeug dazu.

Es gibt diese Nische im Trainerbereich, in der es fast ausschließlich um Geld geht. Teilnehmer werden mit zum Teil wahnwitzigen Versprechen gelockt: „Zum finanziellen Erfolg in hundert Tagen", „So wirst du garantiert Millionär", „Ein glückliches Leben ohne Anstrengung" und vieles mehr. Die Menschen, die solche Veranstaltungen besuchen, glauben daran und wollen daran glauben. Bei manchen ist der Glaube stark genug, um tatsächlich Erfolg zu haben. Sie brauchen den Motivationstrainer nur für einen letzten Anstoß. Dann starten sie durch. Das ist vielleicht die große und möglicherweise sogar einzige Lüge der Branche: Der Anschein, ein Trainer kann Leben verändern und Kraft seiner Gedanken zum Erfolg führen. Denn letztlich kann er nur erfolgreiche Menschen noch erfolgreicher machen oder Teilnehmer, die schon auf dem Weg sind, mit seinen Methoden unterstützen, so dass sie tatsächlich ihre Ziele erreichen. Was ein Trainer nicht kann: Aus grundsätzlich zögerlichen, gar ängstlichen, uninspirierten und erfolglosen Menschen Stars machen. Unmöglich. Keine Chance. Ganz und gar aussichtslos.

Doch Erfolgstrainer benötigen die Masse, um ihrerseits erfolgreich zu sein. Sie sind zum großen Teil monetär getrieben, wollen nicht nur wachsen, sondern müssen auch immer mehr Umsatz machen, weil sie das Publikum mit ihrer eigenen Erfolgsgeschichte beeindrucken und für sich gewinnen. Sie sind das Vorbild für ihre Klientel. Weil sie es können, ermöglichen sie es anderen. Der Glaube an ihre Methoden steht und fällt mit ihrem Erfolg.

Allerdings ist das nur ein Aspekt der Branche. Einer jedoch, der ihr Bild in der Öffentlichkeit besonders prägt. Die schillernden Erfolgs- und Motivationstrainer machen Eindruck, wecken Erwartungen, stoßen manche ab und lassen viele Menschen gegenüber der gesamten Branche im negativen Sinn äußerst voreingenommen sein.

Um die Branche der Berater, Coaches und Trainer richtig zu verstehen, muss man ihre Vielfalt in Angebot und Motivation berücksichtigen. Viele der Fachkräfte sind selbständig und müssen ihren Lebensunterhalt in eigenen Praxen verdienen. Für sie spielt die finanzielle Seite eine andere Rolle als für namhafte Trainer auf großen Bühnen. Honorare variieren je nach Fachgebiet, Erfahrung und Kundenstamm. Wie in jedem Beruf gibt es neben sehr erfolgreichen Marktteilnehmern, die sehr gut verdienen, auch diejenigen, die am Existenzminimum entlangschrammen und möglicherweise noch einem anderen Job nachgehen müssen.

Nichtsdestotrotz sind viele Menschen in dieser Branche von ihrer Arbeit begeistert und möchten tatsächlich anderen leidenschaftlich helfen, sich zu entwickeln und ihre Ziele zu erreichen. Die persönliche Erfüllung und die Möglichkeit, positive Veränderungen bei ihren Klienten zu bewirken, sind oft besonders starke Motivationsfaktoren. Einige Berater und Coaches sind auch aus persönlichen Gründen in diesem Bereich tätig, zum Beispiel aufgrund eigener Erfahrungen oder Interessen.

**Ist es möglich, ein Auftragsvolumen von 100 Millionen Euro zu erreichen?**

Die erfolgreichsten Trainer und Coaches streben ein exorbitantes Wachstum an. Ihre magische Grenze für Umsatzziele liegt derzeit bei 100 Millionen Euro. Die strebt gerade Dirk Kreuter mit seiner Firmengruppe an. Weshalb gerade diese Summe? Ganz einfach, weil einen zweistelligen Millionenumsatz viele erreichen können. Auch Fußballtrainer zum Beispiel packen das. Bei einem dreistelligen Millionenbetrag sieht die Sache schon anders aus. Der ist eine echte Herausforderung. Deshalb gibt Dirk Kreuter, Europas bekanntester Verkaufstrainer, genau diesen Betrag als sein ganz persönliches Umsatzziel vor. Er möchte diese magische Grenze in absehbarer Zeit knacken – und damit zum absoluten Spitzenverdiener in seiner Branche aufsteigen.

Einer, der das bereits geschafft hat, ist Anthony „Tony" Robbins. Der Amerikaner arbeitet auf dem Gebiet der Neuroassoziativen Konditionierung und unterstützt die persönliche Weiterentwicklung seiner Kunden. Als Autor schrieb er zahlreiche Bücher, unter anderem die Bestseller „Robbins Power Prinzip" (1991), „Money: Die 7 einfachen Schritten zur finanziellen Freiheit" (2015) und „Unangreifbar: Deine Strategie für finanzielle Freiheit" (2017). Robbins zählt zu den besten Speakern der Welt und arbeitete bereits mit zahlreichen Hollywood-Stars zusammen. Geboren im Jahr 1960 und aufgewachsen in einer nicht immer einfachen Kindheit, lebt er heute den American Dream.

Tony Robbins erwirtschaftet seine Einnahmen aus unterschiedlichen Quellen. Mit seinem Selbsthilfe-Ansatz hat sich der Unternehmer im Laufe der Jahre ein Imperium aufgebaut, das Seminare, Bücher, Vorträge, Coaching und zahlreiche weiteren Dienstleistungen anbietet. Für einen privaten Vortrag verlangt der Speaker heute zwischen 300.000 und einer Million US-Dollar. Zudem investiert er in verschiedene Unternehmen, um sein Vermögen weiter aufzubauen. Dem erfolgreichen Geschäftsmann gehören mittlerweile mehr als dreißig Firmen in unterschiedlichen Branchen. Mit seinem diversifizierten Portfolio erwirtschaftet der Unternehmer einen Jahresumsatz von mehr als eine Milliarde US-Dollar. Sein geschätztes Privatvermögen liegt bei umgerechnet rund 500 Millionen Euro.

Das Beispiel von Tony Robbins zeigt eindrucksvoll, wie erfolgreich ein Trainer, Speaker und Coach sein kann. Aber es verdeutlicht auch, dass höchster Umsatz nicht allein durch Coaching zu erwirtschaften ist. Aus Beratern werden Geschäftsinhaber, die ihr Geld geschickt investieren und für sich arbeiten lassen. Sie tauschen nicht länger Zeit gegen Geld, sondern multiplizieren ihre Einnahmen durch den Einsatz von Mitarbeitern. Wer also als Coach, Speaker oder Trainer startet und sich zum Unternehmer weiterentwickelt, hat letztlich eine Chance, den Traum vom Jahresumsatz in Höhe von 100 Millionen Euro zu erreichen.

Dennoch bleibt es eine ambitionierte Zielsetzung, als Coach oder Trainer diese magische Umsatzgrenze zu erreichen. Dazu einige Fakten und ein kurzer Realitätscheck.

**Fakten und Realitätscheck**

1. **Marktgröße und Wachstum**

   Der Coaching-Markt verzeichnet ein stetiges Wachstum. Im Jahr 2022 generierten Coach-Praktiker weltweit einen Umsatz von 4,65 Milliarden US-Dollar. Die Branche wird voraussichtlich im Jahr 2024 auf etwa 6,25 Milliarden US-Dollar anwachsen. Trotzdem bleibt ein Umsatzziel von 100 Millionen Euro für einen einzelnen Coach oder Trainer eine außergewöhnliche Herausforderung.

2. **Durchschnittliches Einkommen**

   Globale Studien zeigen, dass mehr als die Hälfte der Coaches (53 Prozent) ein jährliches Einkommen von weniger als 30.000 US-Dollar aus dem Coaching erzielt. Das durchschnittliche Jahreseinkommen eines Coaches lag noch 2020 bei 105.261 Euro und sank in den nachfolgenden Jahren leicht. Ein Umsatz von 100 Millionen Euro würde daher sehr weit über dem Durchschnitt liegen.

3. **Skalierbarkeit**

   Die Skalierung von Coaching-Dienstleistungen ist begrenzt. Ein Coach kann nur eine begrenzte Anzahl von Klienten persönlich betreuen. Selbst bei hohen Stundensätzen ist es schwierig, diese Summe allein durch Coaching zu erreichen.

4. **Diversifikation**

   Um einen solchen Umsatz zu erzielen, müsste ein Coach oder Trainer zusätzliche Einnahmequellen erschließen. Dies könnte durch Bücher, Onlinekurse, Seminare, Lizenzgebühren oder Beratungsprojekte geschehen.

5. **Branchenunterschiede**

Einige Branchen, wie beispielsweise Unternehmensberatung oder Technologie, bieten höhere Verdienstmöglichkeiten als andere. Ein Coach, der sich auf diese lukrativeren Bereiche spezialisiert, hat bessere Chancen, höhere Umsätze zu erzielen.

Insgesamt ist ein Umsatz von 100 Millionen Euro als Coach oder Trainer eine außergewöhnliche Ausnahme. Es erfordert nicht nur exzellente Fähigkeiten, sondern auch eine kluge Geschäftsstrategie und Diversifikation.

Allerdings ist ein Erfolgstrainer wie Dirk Kreuter durchaus auf dem Weg, dieses selbstgesteckte Umsatzziel zu erreichen. Wie schafft er das? Durch einen klugen Ausbau seiner Geschäftsfelder sowie Investitionen in andere Branchen. Auch Kreuter gehören inzwischen viele weitere Unternehmen. Er baut mit großem Geschick und unternehmerischer Leidenschaft eine Firmengruppe auf, die vielfältige Lösungen für die Herausforderungen mittelständischer Unternehmen anbietet. Sei es im Bereich Kommunikation, Marketing oder softwaregestützter Analyse wirtschaftlicher Kennzahlen – Dirk Kreuter weiß aus seiner langjährigen Tätigkeit als Trainer und Mentor, wo Unternehmern der Schuh drückt. Mit diesem Wissen ergänzt er (besonders für Mittelständler) sinnvoll den Bereich der Seminare und Vorträge um neue Angebote und schafft zusätzliche Werte für seine Kunden. Mit diesem Ansatz kommt Dirk Kreuter seinem jährlichen Umsatzziel von 100 Millionen Euro bereits recht nah. Damit folgt er Branchengrößen wie Tony Robbins und erschließt für Coaches, Trainer, Berater und Speaker innerhalb Europas eine vollkommen neue und bisher als unerreichbar geltende wirtschaftliche Dimension.

# 6
# Lehre und Glaubenssätze:
# Was der Markt seinen Kunden bietet

Wer braucht schon einen Coach? Unternehmen benötigen Berater, das ist nachvollziehbar. Aber einen Coach oder gar einen persönlichen Trainer? Das ist doch nur ein Luxus für echte Snobs.

Nein, ist es nicht. Heutzutage nutzen immer mehr Menschen die Möglichkeit, sich professionell in allen Lebenslagen coachen zu lassen. Die Frage ist nicht, ob man einen Coach braucht, sondern wie man den richtigen auswählt und was der Berater wirklich bieten kann.

Ein Coach kann für verschiedene Menschen in unterschiedlichen Lebensbereichen sinnvoll sein. Hier sind einige Beispiele:

1. **Berufliche Entwicklung**

    Berufstätige, die ihre Karriere vorantreiben möchten, können von einem Coach profitieren. Ein Coach hilft bei der Zielsetzung, der Entwicklung von Führungsqualitäten und der Verbesserung der beruflichen Leistung.

2. **Persönliche Entwicklung**

    Menschen, die an ihrer persönlichen Entwicklung arbeiten möchten, können von einem Coach profitieren. Dies kann die Steigerung des Selbstbewusstseins, die Verbesserung der Kommunikationsfähigkeiten oder die Bewältigung von Ängsten umfassen.

3. **Lebensübergänge**

Bei wichtigen Lebensübergängen wie dem Wechsel des Jobs, der Pensionierung oder einer Trennung kann ein Coach unterstützen. Er hilft dabei, den Übergang zu bewältigen und neue Perspektiven zu finden.

4. **Gesundheit und Wohlbefinden**

Menschen, die ihre Gesundheit verbessern möchten, können von einem Gesundheits- oder Wellness-Coach profitieren. Dies kann Ernährungsberatung, Stressmanagement oder Fitness-Coaching umfassen.

5. **Unternehmer und Selbstständige**

Unternehmer und Selbstständige können von einem Business-Coach profitieren. Dieser unterstützt bei der Geschäftsentwicklung, der strategischen Planung und der Überwindung von Herausforderungen.

6. **Sportler und Künstler**

Sportler, Musiker, Schauspieler und andere Kreative können von einem Coach profitieren, um ihre Leistung zu optimieren und ihre Ziele zu erreichen.

Allein diese kurze Aufzählung zeigt, wie breit das Spektrum für die Tätigkeit von Coaches ist.

Aber was genau bietet der Coaching-Markt seinen Kunden? Wie alle Anbieter orientieren sich auch Berater, Trainer, Speaker und Coaches an den tiefen Bedürfnissen der Menschen. Doch wecken sie diese Bedürfnisse zum Teil auch selbst. Viele Trends in der Szene entstehen durch Publikationen, die zu Bestsellern werden. Daher sind die grundlegenden Wünsche der

Kunden starken Schwankungen unterworfen und die Branche ist von regelrechten Modeerscheinungen getrieben. Finanzthemen, Lifestyle, Gesundheit – alles steht gelegentlich im Fokus der Aufmerksamkeit und bringt eine Zeitlang seine „Gurus" hervor. Bodo Schäfer und Jürgen Höller waren solche dem Zeitgeist unterworfene Lichtgestalten, die ihre Momente des Ruhms hatten und heute zwar nicht vergessen, aber doch weniger bedeutend sind. Im Gesundheitsbereich dominierte Eckart von Hirschhausen (Jahrgang 1967) einige Jahre den Markt. Die jeweiligen Trends beeinflussen selbstverständlich die Anbieter insgesamt, weil sie zu einer veränderten Nachfrage führen. Obwohl sich Coaches grundsätzlich auf verschiedene Fachgebiete spezialisieren, um individuelle Bedürfnisse zu erfüllen.

**Einige wichtige Coaching-Spezialisierungen**

1. **Führung und Executive Coaching**

    Führungskräfte und Manager profitieren von individuellem Coaching, um ihre Fähigkeiten zu entwickeln und organisatorische Ziele zu erreichen. Dieser Prozess basiert auf Vertrauen und Respekt und erfolgt in Einzel- oder Gruppensitzungen.

2. **Internes und Organisations-Coaching**

    Organisations-Coaching zielt darauf ab, positive Veränderungen im gesamten Unternehmen zu fördern. Es unterstützt strategische Ziele, Führungsfähigkeiten und Kulturwandel. Im Gegensatz zum individuellen Fokus des Executive Coachings steht hier die Organisation im Vordergrund.

3. **Positive Psychologie**

    Positive Psychologie untersucht das Wohlbefinden und die Faktoren, die zu einem erfüllten Leben führen. Sie umfasst positive Emotionen, Stärken, Beziehungen, Optimismus und Resilienz[6].

4. **Gesundheits- und Wellness-Coaching**

    Gesundheits- und Wellness-Coaches unterstützen bei Verhaltensänderungen, zum Beispiel Gewichtsverlust, Fitness, Ernährung und Stressbewältigung.

5. **Life-Coaching**

    Life-Coaches helfen Menschen dabei, persönliche Ziele zu erreichen, Selbstreflexion zu fördern und Veränderungen umzusetzen.

Dieses Grundgerüst bildet die Basis, die Anbieter auf dem Markt für Berater, Coaches, Trainer und Speaker erfüllen müssen. Wer jedoch den nächsten Schritt macht, eigene Themen setzt und damit Aufmerksamkeit erlangt, hat die Chance, sich als Star der Branche zu etablieren. Dies gelingt jedoch nur wenigen – jenen, die mit Leidenschaft, Ausdauer und auch etwas Glück zu echten Top-Spezialisten werden. Sie entwickeln sich zu Leitfiguren ihrer Zunft, an denen sich andere orientieren und deren Erfolg sie anstreben.

## Wie Tom Peters Business-Speaking ins Leben gerufen hat

Einer dieser lebenden Legenden der Branche ist der US-amerikanische Unternehmensberater, Autor und Redner Tom Peters (Jahrgang 1942). Der heute über 80-Jährige ist bekannt für sein Buch „Auf der Suche nach Spitzenleistungen" (1982), das er mit Robert H. Waterman veröffentlichte und beeinflusste die Welt des Managements maßgeblich.

---

[6] https://bing.com/search?q=Coaching+specialties, 17. Dezember 2024

Nach einem Studium des Bauingenieurwesens an der *Cornell University* machte er seinen MBA in Wirtschaftswissenschaften in *Stanford* und schloss mit einer Promotion ab. Anschließend diente er in der *United States Navy*, später arbeitete er im *Pentagon*. Mitte der 1970er Jahre war er als Berater im *Weißen Haus* tätig. Danach folgten Tätigkeiten als Management Consultant bei *McKinsey*. In dieser Zeit schrieb er das Buch, das seinen großen Ruhm begründete. Im Jahr 1981 machte er sich mit seiner eigenen Beraterfirma selbstständig, der *Tom Peters Company*, in der er seitdem tätig ist.

Neben „Auf der Suche nach Spitzenleistungen" hat Peters zahlreiche weitere Bücher geschrieben, darunter „Re-imagine!" (2003) und „The Little Big Things" (2010). Er führte den kalifornischen Managementstil ins Management ein, plädiert für eine Renaissance des Unternehmertums und kritisiert das lineare, rationale und kausale Denken im Management. Seine wichtigsten Themen sind Innovation, Motivation, Begeisterung, Empowerment und Talententwicklung. Dazu hält er weltweit Vorträge. Die Ideen von Tom Peters beeinflussen die Art und Weise, wie Menschen über Management denken, nachhaltig. In seinem Buch „Auf der Suche nach Spitzenleistungen" identifiziert er acht Merkmale, die erfolgreiche Unternehmen von anderen abheben.

## Merkmale, die erfolgreiche Unternehmen von anderen abheben

1. **Kundenzentrierung**

   Erfolgreiche Unternehmen setzen den Kunden an die erste Stelle und richten ihre Strategien und Prozesse darauf aus.

2. **Autonomie und Eigenverantwortung**

   Mitarbeiter sollen befähigt werden, eigenständig Entscheidungen zu treffen und Verantwortung zu übernehmen.

3. **Produktivität und Effizienz**

   Effiziente Prozesse und Arbeitsabläufe sind entscheidend für den Erfolg.

4. **Innovation und kontinuierliche Verbesserung**

   Spitzenunternehmen sind ständig bestrebt, sich zu verbessern und neue Ideen umzusetzen.

5. **Flexibilität und Anpassungsfähigkeit**

   Sie passen sich schnell an Veränderungen an und sind bereit, Risiken einzugehen.

6. **Führung und Vision**

   Inspirierende Führungskräfte setzen klare Ziele und motivieren ihre Teams.

7. **Mitarbeiterentwicklung und Mitarbeiterbindung**

   Erfolgreiche Unternehmen investieren in die Weiterentwicklung ihrer Mitarbeiter und schaffen eine positive Arbeitsumgebung.

8. **Werte und Unternehmenskultur**

   Die Unternehmenskultur prägt das Verhalten der Mitarbeiter und beeinflusst den Erfolg.

Darüber hinaus betont Peters auch die Bedeutung von Leidenschaft, Begeisterung und Menschlichkeit im Geschäftsleben.

Doch Tom Peters macht auch deutlich, dass Spitzenleistungen nur vorübergehender Natur sind. Unternehmen müssen sich ständig anpassen. Daher ist Vielfalt auf individueller und kollektiver Ebene ein bedeutendes Erfordernis. Zehn Jahre nach dem Erscheinen von „Auf der Suche nach Spitzenleistungen" schrieb Peters: „Hut ab vor den herausragenden Chefs des Jahres 1982, die die Notwendigkeit des Wandels erkannten – und dann geistesgegenwärtig genug waren, ihn durchzusetzen. Den übrigen möchte ich mein Beileid aussprechen." Dann skizzierte er die Lehre, die er selbst aus „Auf der Suche nach Spitzenleistungen" gezogen hatte.

**Die Lehre aus seinem Buch**

1. Eine große Organisation zu verändern ist kein Vergnügen, selbst bei deutlichen Signalen am Markt.
2. Die Bürokratie muss gnadenlos zerschlagen werden.
3. Ohne eine radikale Operation wird aller Wahrscheinlichkeit nach keine Anpassung möglich sein.
4. Den Kunden zuzuhören ist kein Allheilmittel.
5. Die Suche nach den richtigen „Modellen" ist ein Muss.

Auch für Tom Peters selbst. Er lernte nach dem Erfolg seines Buches, dass die Welt der Unternehmen sehr viel komplizierter ist, als sich auf ein paar hundert Seiten beschreiben lassen. Die Spitzenleistungen starben daraufhin in ihrer ursprünglichen Form. Dennoch machten sie Peters zu einem gefragten Redner und Unternehmensberater. Ein Widerspruch? Ganz sicher. Doch sein erstes Buch brachte ihm so viel Aufmerksamkeit ein, dass er in der Wahrnehmung der Öffentlichkeit einfach gut sein musste – auch, wenn er eigentlich keine Ahnung davon hatte, wie Unternehmen wirklich funktionieren. Aber wer hat das schon? Was Tom Peters auszeichnet, ist seine eigene Wandlungsfähigkeit. Er ist in der Lage, aus seinem eigenen Unvermögen zu lernen und ständig neue Erkenntnisse zu entwickeln mit denen er versucht, sich dem wahren Wesen von Unternehmen und der Marktgeschehnisse zumindest so weit anzunähern, dass er daraus Schlüsse ziehen kann, die Führungskräften dabei helfen, ihre Firmen einigermaßen auf Kurs zu halten.

Mit dieser ungeheuren Wandlungsfähigkeit sowie seiner Eloquenz begründete Peters das Business-Speaking, eine neue Form der Präsentation seiner Ideen und Gedanken. Seitdem tourt er als gefragter und gefeierter Redner um die Welt. Zwar mangelt es nicht an Kritikern, die ihm vorwerfen, aus Nichtwissen Profit zu schlagen, doch da niemand genau weiß, wie Wirtschaft funktioniert, gehört Tom Peters zumindest zu der relativ kleinen Gruppe von Experten, die sich ernsthaft um Erkenntnisse bemühen. Er ist sich nicht zu schade, seine Meinung zu Fragen der Führung und des Managements zu revidieren, sobald neues Wissen vorliegt – und er arbeitet aktiv daran mit, dieses Wissen zu generieren. Dafür forscht er in Unternehmen nach, führt Interviews, wertet umfangreiche Datensammlungen aus und analysiert mit seinem Team die Geschichten von Firmen von der Gründung bis zu ihrem Untergang.

Im Laufe der Zeit erarbeitete sich Tom Peters den Status eines „Gurus". Er wurde zur Legende, ohne dass er eine spezifische Leistung auch nur für ein einziges Unternehmen vollbracht hätte. Sein Status basierte allein auf seinem theoretischen Wissen, das sich alle paar Jahre verändert hat. Doch Menschen scheinen Vordenker zu brauchen, andere Menschen, an denen sie sich im positiven wie auch im negativen Sinn abarbeiten können. Dazu meint Professor Ray Wild in „Das Tom Peters Phänomen: Der Aufstieg eines Management-Gurus" (1998)[7]:

> Wenn ein Manager Bücher liest und ein Seminar besucht und daher die Komplexität seines Geschäftsumfeldes besser versteht, ist das von Vorteil. Alles ist nämlich hilfreich, sofern es Manager dazu bringt, die richtigen Dinge aus den richtigen Gründen zu machen. Häufig bieten Gurus „jungendfrei", populärwissenschaftliche Versionen von Thesen an, die schon vor geraumer Zeit postuliert wurden. Hoffent-

---

[7] *Campus Verlag*, Frankfurt/New York, Seite 240

lich ermutigt das Führungskräfte dazu, innezuhalten und darüber nachzudenken. Dann müssen sie für sich entscheiden, ob die Vorschläge des Gurus sich für ihre Situationen eignen oder nicht.

Damit scheint die Rolle von Coaches, Beratern und Trainern überhaupt definiert zu sein: Sie sind nicht Vordenker, sondern Übersetzer. Ihre wahre Aufgabe ist es, wissenschaftliche und gesellschaftliche Erkenntnisse für ihr staunendes Publikum allgemeinverständlich aufzubereiten und neue Wege näherzubringen. Damit besetzen sie eine Schnittstelle zwischen Wissenschaft, praktischer Erfahrung und Lehre. Sie forschen nicht selbst, sondern bündeln Wissen in ihrer Person. Ihr Talent ist es weniger, neue Erkenntnisse und Ideen zu gewinnen, als vielmehr bereits gedachtes mit Talent zur unterhaltsamen Vermittlung einem breiten Publikum zugänglich zu machen. Mit diesem Ansatz begründete Tom Peters auch sein Business-Speaking. Mit seiner lockeren Art, Managementwissen populär zu erläutern, erreichte er nicht nur Firmenlenker und mittlere Führungsebenen, sondern ebenso Studenten, Selbstständige und allgemein an Wirtschaftsfragen interessierte Menschen in vielen Ländern dieser Erde. Alle wollten Tom Peters zuhören und gingen anschließend mit dem Gefühl nach Hause, Wirtschaft endlich verstanden zu haben.

Hinter den Marktschreiereien, den Moden, den Patentlösungen und der Placebo Wirkung finden sich kaum originelle Gedanken. Gäbe es aber keine „Gurus", würde den Menschen eine fruchtbare Quelle für Inspiration und Informationen sowie nützliche Reibungsflächen fehlen. Ohne den vereinfachten Rahmen aus Theorie, Meinung und Beispielen, den Coaches, Berater und Trainer liefern, wären viele Menschen noch isolierter als sie es heutzutage sowieso schon sind. Welche Rolle sollen „Gurus" also spielen? Sie sind Meister der Vereinfachung und der Populärwissenschaft. Beim Kampf mit den praktischen Auswirkungen ihrer Theorien bleiben die Menschen sich oft selbst überlassen. Oder wie Professor Ray Wild meint: „Prüfstein aller Ideen ist die Frage, wie lange sie sich halten können. Manche Konzepte wie Total Quality Management oder Just-in-Time sind in das konventionelle Denken eingegangen." Nur grundlegende Ideen behaupten sich langfristig und schaffen den Sprung aus Büchern in die Praxis. Um dazu einen sinnvollen Beitrag zu leisten, sollen „Gurus" Denkanstöße geben und neue Erkenntnisse zu schwierigen Problemen liefern. Sie müssen durch radikale und manchmal provokative Haltung ihr Publikum zum Denken anregen, statt Allheilmittel zu versprechen.

Auf Tom Peters passt diese Beschreibung sehr gut. Denn der Erfinder des Business-Speaking provoziert vorsätzlich. Das ist eines seiner Markenzeichen. Damit hat er sich unter anderem seinen Ruf erarbeitet und wurde zu einer lebenden Legende.

**Die Branche und der Sport:**
**Welche Ansätze wurden übernommen?**
**Beispiel Christian Bischoff: Basketballprofi und -trainer als Mindset Coach**

Sport spielt in Deutschland eine wichtige Rolle – nicht nur als Freizeitbeschäftigung, sondern auch wirtschaftlich. Seine große ökonomische Bedeutung zeigt das Sportsatellitenkonto (SSK) 2018 auf. Dabei handelt es sich um ein 2008 vom *Bundesministerium für Wirtschaft und Energie* in Auftrag gegebenes Pilotprojekt zur Messung der volkswirtschaftlichen Relevanz des Sports. Durch die Erstellung von Satellitenkonten zu den Volkswirtschaftlichen Gesamtrechnungen (VGR) bietet die Wirtschaftsstatistik ein etabliertes Verfahren zur nachvollziehbaren Ermittlung der direkten ökonomischen Bedeutung von Querschnittsaktivitäten. In einer Publikation mit dem Titel „Das Sportsatellitenkonto: Entstehungsgeschichte, methodische Grundsätze, Berechnungsgrundlagen und ausgewählte aktuelle Ergebnisse für Deutschland"[8] ist mehr darüber zu erfahren.

Einige Erkenntnisse in Kürze

1. **Sport als Freizeitbeschäftigung**

   Viele Menschen betreiben Sport aktiv oder verfolgen ihn als Zuschauer. Dies führt zu Ausgaben für Sportgeräte, -bekleidung und Eintrittsgelder bei Sportveranstaltungen.

2. **Spitzensport und Breitensport**

   Der Spitzensport profitiert von einem vielfältigen Angebot an Dienstleistungen und Infrastrukturen, die durch Sportvereine, das Sportwesen und Stadtplanung bereitgestellt werden.

3. **Sportwirtschaft als Querschnittsbranche**

   Die Sportwirtschaft setzt sich aus verschiedenen Wirtschaftszweigen zusammen. Umsatz- und Beschäftigungsbeiträge sind nicht direkt aus der amtlichen Statistik abzuleiten, aber Satellitenkonten bieten eine fundierte Abschätzung.

4. **Gesundheit und Sport**

   Rund 70 Prozent der Menschen, die mehr als drei Stunden pro Woche Sport treiben, schätzen ihre gesundheitliche Verfassung als gut oder sehr gut ein.

Unternehmen können von Ansätzen aus dem Breiten- und Spitzensport in vielerlei Hinsicht profitieren, um ihre Unternehmenskultur zu fördern und zu stärken. Regelmäßige

---

[8] kostenfreie Downloads unter:
Ökonomische Bedeutung des Sports – Sportsatellitenkonto Deutschland
https://sportsatellitenkonto.de/publikationen/die-oekonomische-bedeutung-des-sports-in-deutschland/

Zusammenarbeit mit Sportlern kann langfristig zu Verhaltens- und Einstellungsveränderungen bei Mitarbeitern führen. Personalisierte, heutzutage oft digitale Angebote, sind auch für Organisationen im professionellen Sportmarkt wichtig, um Fans stärker zu binden.

**Einige interessante Aspekte,
wie Unternehmen am Sport partizipieren**

1. **Image und Sympathie**

   Die Übertragung der positiven Attribute des Sports, wie Teamfähigkeit, Erfolg und Fair Play, auf das Unternehmen schafft Sympathie und Vertrauen. Unternehmen, die sich im Sponsoring engagieren, werden von 42 Prozent der markenaffinen Personen bevorzugt.

2. **Teambuilding und Motivation**

   Spitzensportler dienen als Vorbilder für betriebliche Gesundheitsförderung und motivieren Mitarbeiter zur sportlichen Betätigung. Betriebssport kann im Unternehmen eingeführt werden, um das Teambuilding zu fördern.

3. **Langfristige Karrierepläne**

   Unternehmen können den olympischen und paralympischen Nachwuchsleistungssport unterstützen, indem sie individuelle Karrierepläne entwickeln. Diese „Zwillingskarrieren" ermöglichen es Sportlern, parallel zu ihrer sportlichen Laufbahn an ihrer beruflichen Entwicklung zu arbeiten.

Insgesamt bietet das Engagement im Sport Unternehmen die Möglichkeit, Werte zu vermitteln, ihr Image zu stärken und Mitarbeiter zu motivieren.

So gesehen, ist Sport in vielerlei Hinsicht ein wichtiger Wirtschaftsfaktor. Deshalb ist in den vergangenen Jahrzehnten auch eine enge Verzahnung im Bereich von Coaching, Training und Beratung zwischen Sportlern und einem wissbegierigen Publikum aus Unternehmen entstanden. Trainingsmethoden werden vorbildhaft in Unternehmensstrukturen integriert, Mitarbeiter lernen unter anderem von Zehnkämpfern wie dem ehemaligen Ass Frank Busemann (Jahrgang 1975), der nach seiner sportlichen Laufbahn eine erfolgreiche Karriere als Sportkommentator, Moderator und vor allem Redner zum Thema Motivation startete, deren Aspekte er in Vorträgen beleuchtet. „Natürlich lässt sich aus den Erfolgsprinzipien des Sports ableiten, wie Erfolg auch in anderen Branchen funktioniert", ist der Silbermedaillengewinner bei den Olympischen Spielen in Atlanta 1996 überzeugt. „Für viele Dinge in einem Unternehmen lassen sich Erkenntnisse aus dem Zehnkampf ableiten." Vor allem, dass jeder andere Stärken hat, am Ende aber ein ähnliches Ergebnis herauskommt. „Jeder muss für sich einen Weg finden, mit seinen unterschiedlichen Stärken und Schwächen sein Gesamtergebnis zu verbessern."

## Christian Bischoff:
### Der Basketballprofi und -trainer als Mindset Coach

Das lehrt auch Christian Bischoff (Jahrgang 1976), nach eigenen Angaben Europas bekanntester Mindset Coach. Sein bekanntestes Seminar „Die Kunst, Dein Ding zu machen" startete er 2009. Rund 500.000 Teilnehmer besuchten bisher seine Live-Events. Sein Motto: „Meistere Dein Mindset und Du meisterst Dein Leben!" Und: „Mach Dein Leben zu (D)einem Meisterwerk!"

Markige Sprüche. Was steckt dahinter? Zunächst eine Karriere als Basketball Profi und jüngster Cheftrainer in der Basketball Bundesliga. Mit 19 Jahren musste Christian Bischoff seine aktive sportliche Karriere wegen mehreren Verletzungen bereits beenden. Zu diesem Zeitpunkt spielte er in den Vereinigten Staaten und kehrte zunächst als Assistenztrainer in der zweiten Bundesliga nach Deutschland zurück. Später trainierte er die Bundesligatruppe in Bamberg und baute dort das Nachwuchstraining auf. Also eine Karriere im Sport, die sich durchaus sehen lassen kann. Doch was lässt sich davon auf das normale Leben übertragen? Alles, wenn man Bischoff glauben darf.

In seinen Seminaren geht es besonders darum, mentale und emotionale Stärke zu maximieren und sich selbst zu verwirklichen. Bischoff vermittelt dazu praktische Werkzeuge und inspirierende Ansätze, um persönliche Ziele zu erreichen und das eigene Potenzial zu entfalten.

**Einige von Bischoffs Kernbotschaften**

1. **Mindset-Training**

   Christian Bischoff betont die Bedeutung eines positiven Mindsets. Er hilft seinen Teilnehmern, ihre Denkmuster zu erkennen und zu verändern, um Hindernisse zu überwinden und erfolgreich zu sein.

2. **Selbstreflexion und Selbstverantwortung**

   Er ermutigt dazu, sich selbst ehrlich zu hinterfragen und Verantwortung für das eigene Leben zu übernehmen. Dies beinhaltet die Auseinandersetzung mit eigenen Fehlern und die Bereitschaft zur Veränderung.

3. **Zielsetzung und Fokus**

   Darüber hinaus zeigt er, wie man klare Ziele setzt und den Fokus darauf behält. Er lehrt Techniken, um Hindernisse zu überwinden und den Blick auf das Wesentliche zu richten.

4. **Emotionale Intelligenz**

   Zudem betont er die Wichtigkeit emotionaler Intelligenz. Er hilft den Teilnehmern, ihre Emotionen zu verstehen und konstruktiv damit umzugehen.

5. **Energie-Management**

Bischoff zeigt außerdem, wie jeder seine Energie effektiv nutzen kann, um produktiv und ausgeglichen zu sein. Dazu gehören Aspekte wie Ernährung, Bewegung und Entspannung.

Das hört sich nicht neu an? Ist es auch nicht. Trotzdem füllt Christian Bischoff Hallen mit rund 4.000 Teilnehmern zu seinen zweitägigen Live-Events. Ein Phänomen, das allen erfolgreichen Beratern, Coaches und Trainern gemein ist: Das Besondere ihrer Veranstaltungen liegt nicht in dem, was sie sagen, sondern wie sie es sagen. Die Menschen pilgern zu ihnen ihrer Persönlichkeit wegen. Es geht um die Show, die gemeinsamen Emotionen, das Gruppenerlebnis und um zwei Tage Spaß. Die Inhalte sind nebensächlich, aber trotzdem nicht unwichtig. Die Teilnehmer werden oft an das, was sie sowieso schon denken und fühlen, erinnert und in ihrer Selbsteinschätzung bestätigt. Zudem geben ihnen Trainer wie Christian Bischoff meist hilfreiche Werkzeuge an die Hand, die sie auf dem Weg in ihr neues Leben unterstützen können. Sehr viele Teilnehmer gehen nach solchen Events tatsächlich beschwingt und motiviert mit dem festen Vorsatz nach Hause, das eben Gehörte und Gelernte umzusetzen und endlich eine erfolgreiche Karriere zu starten.

Doch wie es mit guten Vorsätzen so ist, schaffen es die wenigsten von ihnen. Meist geraten die besten Absichten schnell in der Routine des tagtäglichen Lebens wieder in Vergessenheit. Nur für eine kleine Minderheit sind Live-Events zu Themen wie Motivation, Selbstoptimierung oder finanzieller Freiheit eine Initialzündung, durch die sich ihr Leben wirklich verändert. Zumeist befanden sich diese Teilnehmer aber sowieso bereits auf dem Weg und brauchten lediglich noch einen kleinen Schubs.

Genau das leisten Erfolgstrainer wie Christian Bischoff sehr professionell: Sie vermitteln bereits motivierten Menschen die

Einsicht, sich wirklich auf ihren Weg zu machen und stärken ihr Selbstbewusstsein für eine Aufgabe, die sie sich bereits selbst gestellt haben. Sie sagen ihnen: „Trau dich endlich!" Und das genügt oft, um loszulegen. Live-Events vermitteln durch die Persönlichkeit des Trainers sowie die Dynamik der großen Gruppe eine Menge emotionaler Energie, die manche Menschen explosionsartig voranbringt, wie ein Treibsatz mit Flüssigbrennstoff eine Rakete in den Orbit befördert.

Gerade Sportler wie Frank Busemann und Christian Bischoff sind als Experten in Sachen Disziplin und Motivation für diese Aufgabe hervorragend geeignet, weil sie Höhen und Tiefen einer nervenaufreibenden Tätigkeit aus eigenem Erleben authentisch vermitteln können. Es gibt kaum etwas, bei dem die Nerven so blank liegen, wie bei sportlichen Ereignissen. Wer dabei die Nerven behält und sogar Höchstleistungen erbringt, ist durchaus qualifiziert, anderen Menschen etwas über Selbstbewusstsein, Selbstoptimierung und ständigen Lernen zu erzählen.

Wenn Bischoff davon spricht, dass jeder Mensch in sich eine routinierte pflichtbewusste Seite und eine wilde Seite trägt, die beide regelmäßig ausgelebt werden müssen, nimmt man ihm ab, von eigenen Erfahrungen zu berichten. Auch wenn manche Übungen ein wenig abgegriffen wirken, findet er sein Publikum, weil er als dynamischer Typ überzeugt. Zudem wissen viele der Teilnehmer vielleicht noch nicht, wie sie neue Routinen entwickeln können. Deshalb hängen sie Christian Bischoff an den Lippen, wenn er vorschlägt: „Mache über einen Monat hinweg regelmäßig jeden Tag eine neue kleine Sache, die du sonst nie gemacht hast und deine Disziplin wird wachsen. Du wirst diese Sache dann weiterhin tun. Wenn du jeden Monat eine neue gute Gewohnheit hinzufügst, hast du innerhalb von einem Jahr zwölf neue Gewohnheiten." Simpel – aber nicht zu simpel für die begeisterten Teilnehmer seiner Live-Events.

Kritiker bemängeln, inhaltlich seien solche Veranstaltungen viel zu dünn und würden den Menschen nur ihr Geld aus der Tasche ziehen. Aus ihrer Sicht mag das richtig sein. Doch sie vergessen dabei die Psychologie der Masse. Das Erlebnis motiviert die Menschen. Wenn ein Trainer es schafft, das Herz der Menschen im Gleichklang schlagen zu lassen, kann er vermutlich den Einzelnen mehr voranbringen, als es jeder Therapeut in individuellen Sitzungen schaffen würde. Es macht also überhaupt keinen Sinn, über die Art der Inhalte zu lamentieren. Sinnvoller ist es in diesem Fall, auf die Kraft des Marktes zu vertrauen. Solange es Erfolgstrainer gibt, die mit ihrer Tätigkeit sehr gute Umsätze erzielen, erfüllen sie ein Bedürfnis vieler Menschen nach solchen Erlebnissen und den meist einfachen Botschaften. Was jemand wie Christian Bischoff vor allem bietet, ist Orientierung in einem komplizierten Lebensumfeld. Gerade seine auf den ersten Blick einfachen Anregungen haben einen einzigartigen Vorteil: Sie lassen sich routiniert in das eigene Leben einfügen und erleichtern dem einen oder anderen tatsächlich tagtägliche Abläufe und bringen ihn manchmal dazu, Dinge zu verändern, anders und besser zu machen, anzupacken und das Leben selbstbestimmter anzugehen. So gesehen sind Erfolgstrainer auch Role Models, die durch ihr Vorbild lebhaft zeigen, was alles geht und wie jeder dorthin gelangen kann. Er muss es nur wirklich wollen. Und da trennt sich die Spreu vom Weizen. Auch Erfolgstrainer können eben nur dort erfolgreich sein, wo es bereits den Willen vom Erfolg gibt.

## Welchen Einfluss nehmen Bücher auf die Karriere eines Trainers?

Alle bekannten Erfolgstrainer bauen ihre Karriere auf Büchern auf. Wie beschrieben, begann die Karriere von Tom Peters als Business-Speaker sogar erst mit einem Buch. Zuvor rackerte er in einer Unternehmensberatung und kam überhaupt nicht auf die Idee, mehr zu wollen. Sein erstes Buch veränderte sein Leben radikal.

Andere Berater, Coaches, Trainer und Speaker planen ihre Karriere ein wenig strategischer. Dazu gehört es, ein Buch zu schreiben. Nicht nur, weil es zum guten Ton gehört und Kompetenz vermittelt, sondern vor allem, weil sie damit Reichweite erzielen können. Bücher sind kostenlose Werbung in eigener Sache. Wenn sie dann noch zum Bestseller werden, sind sie darüber hinaus auch eine nicht unbedeutende Einnahmequelle. Dabei kommt eines zum anderen: Ein Buch schafft Bekanntheit, wodurch die eigenen Seminare besser besucht werden. Die Teilnehmer kaufen das Buch, reden darüber, verschenken es bestenfalls. Dadurch steigt die Nachfrage. Der Verlag ist zufrieden und verlangt ein zweites Buch. Die Bekanntheit steigt. Seminare sind plötzlich überbucht. Der Trainer wird erstmals auf der Straße erkannt. Es bildet sich eine Fangemeinde. Erstmals muss eine Halle für ein Live-Event gebucht werden. Medien berichten. Der Verlag veröffentlicht Buch Nummer drei. Und so weiter. Der Erfolg des Erfolgstrainers ist kaum noch aufzuhalten.

Tatsache ist: Ohne ein gewisses Maß an Bekanntheit ist jeder Anfang schwer. Sportler haben es meist etwas einfacher, weil sie zumindest kurz nach ihrer sportlichen Karriere und mit so mancher Medaille noch in aller Munde sind. Die Menschen strömen ihnen zu. Doch um dauerhaft im Gespräch zu bleiben, müssen auch sie zum Stift greifen und lesenswertes zu Papier bringen. Ganz nach dem Motto: „Wer schreibt, der bleibt!" Bücher nehmen also einen bedeutenden Einfluss auf die Karrieren von Beratern, Coaches, Trainern und Speakern.

# 7
# Die Branche und die sozialen Medien

Die sozialen Medien haben einen tiefgreifenden Einfluss auf die Branche der Coaches, Berater, Trainer und Speaker. Neben erfolgreichen Büchern bieten sie die beste Möglichkeit, sich umfassend bekannt zu machen und im großen Stil neue Kunden zu gewinnen. So können beispielsweise aussagekräftige Leads über Onlinewerbung generiert werden. Das ist aber nur eine – wenn auch sehr wichtige – Schiene, wie die sozialen Medien in der Branche genutzt werden und zunehmend an Einfluss gewinnen.

Denn auch Webinare und andere Onlineveranstaltungen stehen hoch im Kurs. Währende der Pandemie hielten diese Art von Events die komplette Branche am Leben. Inzwischen nehmen Teilnehmer zwar lieber wieder an Live-Events teil, doch Online-Seminare haben nach wie vor den großen Charme, Berater, Coaches und Trainer kennenlernen zu können, die räumlich weit entfernt und daher nur mit einem gewissen Aufwand zu erreichen sind. Daher nehmen mittlerweile Hybridlösungen einen breiten Stellenwert im Seminarangebot der Branche ein. Zwischen persönlichen Terminen gibt es Treffen via *Zoom* oder anderen Anbietern von Videotelefonie. Auch Gruppentreffen von Seminarteilnehmern untereinander werden nun organisiert. Im Vordergrund steht der Austausch, der mit den Mitteln moderner Technik ermöglicht wird und das Beratungs- oder Coachingerlebnis noch ein wenig interaktiver und besser gestaltet. Dazu richten Erfolgstrainer professionelle Studios ein, um in bester Qualität Content zu produzieren. Zum Standard gehören neben dem Videokanal auf *YouTube* selbstverständlich auch Podcasts sowie Videobotschaften auf Plattformen wie *Instagram*, *TikTok*, *Facebook* und den bekannten Kurznachrichtendiensten. Wer in der Branche Fuß fassen will, produziert heute hunderte von Videos mit prägnanten Aussagen, um überhaupt Aufmerksamkeit zu erzeugen. Denn Sichtbarkeit ist in den heutigen Zeiten der allumfassenden Überinformation ein profunder Schlüssel zum Erfolg als Berater, Coach oder Trainer. Botschaften müssen kurz und einprägsam sein, sollten sich schnell teilen lassen und gelegentlich für Diskussionen sorgen. Vor allem aber müssen sie regelmäßig und in großer Menge veröffentlicht werden. Wer nicht gesehen und gehört wird, hat wenig Chancen auf eine beachtenswerte Karriere in der Szene. Dabei haben die sozialen Medien Büchern schon längst den Rang als erste Wahl für Aufmerksamkeit in der Zielgruppe der Ratsuchenden abgelöst. Zwar sind Bücher wie oben bereits ausgeführt, nach wie vor ein wichtiges Medium und Bestsellerautoren hoch anerkannt. Doch ein größeres Publikum wird mittlerweile über die sozialen Medien erreicht. Das Problem liegt höchstens in der Kurzlebigkeit der Information in diversen Kanälen. Wenn der Strom an neuen Inhalten versiegt, verabschiedet sich schnell aus der öffentlichen Wahrnehmung. Bücher haben da noch immer eine weitaus längere Halbwertzeit, was die Wertschätzung und Bedeutung erklärt, die sie immer noch genießen.

## Eine kurze Zusammenfassung des heutigen Einflusses der sozialen Medien auf die Branche

1. **Sichtbarkeit und Reichweite**

   Soziale Medien bieten eine Plattform, um sich zu präsentieren und eine größere Zielgruppe zu erreichen.

   Coaches, Berater und Trainer können ihre Expertise durch regelmäßige Beiträge, Videos und Live-Events teilen.

   Speaker können ihre Vorträge ankündigen und Interessenten auf ihre Auftritte aufmerksam machen.

2. **Positionierung und Branding**

   Durch gezielte Inhalte können sich Fachkräfte als Experten in ihrem Bereich positionieren.

   Ein konsistenter Auftritt auf sozialen Plattformen trägt zum Aufbau einer starken Marke bei.

3. **Kundenbindung und -akquise**

   Coaches und Berater können über soziale Medien mit ihren Klienten in Kontakt bleiben und wertvolle Ratschläge geben.

   Trainer können Onlinekurse anbieten und neue Teilnehmer gewinnen.

   Speaker können ihre Community auf Veranstaltungen hinweisen und Feedback erhalten.

4. **Networking und Kooperationen**

   Soziale Medien ermöglichen den Austausch mit Kollegen, potenziellen Kunden und anderen Branchenexperten.

   Kooperationen und Partnerschaften können über Plattformen wie *LinkedIn* oder *X* (ehemals *Twitter*) entstehen.

5. **Trends und Innovationen**

   Coaches, Berater und Trainer können sich über aktuelle Trends und Entwicklungen informieren.

   Neue Tools und Technologien können über soziale Medien entdeckt und genutzt werden.

6. **Herausforderungen und Risiken**

   Negative Bewertungen oder öffentliche Kritik können den Ruf beeinträchtigen.

   Datenschutz und Privatsphäre müssen sorgfältig beachtet werden.

Insgesamt sind soziale Medien ein mächtiges Werkzeug für die genannten Berufsgruppen. Die richtige Strategie und ein bewusster Umgang sind entscheidend, um ihre Vorteile vollumfänglich zu nutzen und die Risiken zu minimieren.

## Wissen verschenken

Wie bereits ausgeführt, ist Onlinewerbung einer der Vorteile der sozialen Medien für die Branche der Coaches, Berater, Speaker und Trainer. Sie ist insoweit demokratisch, als dass auch Einzel-Coaches und kleinere Firmen diese Möglichkeit mit geringen finanziellen Mitteln nutzen können. Allerdings ist Werbung nur ein Weg, auf dem online neue Zielgruppe zu erschließen sind. Ein Zauberwort, das sehr wirksam ist, heißt: Gratiscontent. Wer Menschen auf sich aufmerksam machen möchte, verschenkt sein Wissen. Jedenfalls teilweise. In Form von Videobotschaften, zum Beispiel. Oder – aufgepasst – als eBook zum direkten Download. Denn da kommen die Bücher auf elektronischem Weg wieder verstärkt als großartige Möglichkeit der werbenden Informationsweitergabe ins Spiel. Abgesehen vom Aufwand der Erstellung des Contents verursachen sie so gut wie keine Kosten, bleiben aber lange auf Rechnern gespeichert und erinnert auf diese Weise regelmäßig an den Absender. Deshalb sind eBooks in der Branche als wirkungsvolle Giveaways voll im Trend.

Natürlich ist all der Gratiscontent von Newsletter über eBooks bis hin zu qualitativ hochwertigen Videos nicht hundertprozentig kostenfrei. Denn der Schenker möchte eine Kleinigkeit: Die Mailadresse des Interessenten. Mailinglisten sind nämlich ebenfalls eine hervorragende Möglichkeit, regelmäßig mittels Newsletter auf sich aufmerksam zu machen. Zwar passt auf die schiere Anzahl von Newslettern beinahe das geflügelte Wort „wie Sand am Meer", doch gut gemacht werden sie immer noch wahrgenommen und zum Teil sogar begeistert gelesen. Wer den Geschmack seiner Zielgruppe trifft und Interessenten dort abholt, wo sie gerade stehen, hat gute Chancen auf gute Resonanz.

Gratis sind auch manche Webinare. Sie dienen dazu, am Ende die Teilnehmer gezielt anzusprechen und als Kunden zu gewinnen. Ausgefeilte Methoden des Marketings unterstützen dabei, den Sack zuzumachen – oder um die Fachterminologie zu nutzen: zu Closen. Dazu gehören gewiefte Telefonberater, die aus Callcentern heraus die Lücke zwischen online Kontakt und persönlicher Beauftragung schließen.

Auf diese Weise erlauben es die sozialen Plattformen Coaches, Beratern, Trainern und Speaker auf vielfältige Weise, neue Zielgruppen zu definieren, zu erreichen und zu gewinnen. Die Möglichkeiten scheinen endlos. Mit einer gehörigen Portion an Kreativität und Fantasie kann beinahe jeder in den sozialen Medien zum Star avancieren und damit für sich werben. Ein Kinderspiel, so scheint es. Doch aufgepasst. Die geforderte Selbstdarstellung ist nicht jedermanns Sache. Es gewinnt, wer den richtigen Ton trifft und sein Publikum begeistert. Einen allgemeinen Fahrplan gibt es dafür nicht, wohl aber erfahrene Agenturen, die mit Rat und Tat, dem notwendigen Equipment sowie profundem Wissen rund um die Funktionsweisen der verschiedenen Plattformen und Kanäle zur Verfügung stehen. Gegen angemessenes Honorar versteht sich. Wer seinen Content lieber selbst aufbauen möchte, kommt nicht umhin, vieles auszuprobieren. Vor allem muss gerade zu Beginn eine gewisse Scheu überwunden werden. Denn es ist nicht einfach, Videos in Eigenregie so zu produzieren, dass sie nicht lächerlich wirken. Darin besteht das große Risiko beim Umgang mit den sozialen Medien auch für Berater, Coaches, Trainer und Speaker: Was bei Jugendlichen selbstverständlich wirkt, passt nicht unbedingt für gestandene Experten. Da hilft nur Erfahrung sammeln mit eigenem Content, der zunächst vermutlich im Papierkorb landen wird. Oder doch von vornherein eine Agentur beauftragen und sich beraten lassen. So oder so kommt niemand, der neue Zielgruppen erschließen will, mehr um die sozialen Medien und ihre enorme Reichweite herum.

**Wie viel Technik verträgt die Branche?**

Die einfache Antwort ist: Eine Menge. Schließlich gibt es mittlerweile zahlreiche Onlinekurse, die einer perfekten Kameraführung, exakter Schnitttechnik, exzellenten Tondesigns und einer sichtbaren Präsenz in der Welt des Internets bedürfen. Doch wie alle Simplifizierungen greift diese knappe Antwort selbstverständlich viel zu kurz. Ja, Technik ist einerseits heutzutage eine wichtige, wenn nicht gar unumgängliche Voraussetzung für gelungenes Coaching, Training und Speaking – und auch Beratung erfordert von der Recherche über die Analyse bis zur Präsentation sehr viel hochwertige Technik. Doch wäre es übertrieben, daraus ein Primat der Technik innerhalb der Branche abzuleiten. Das Gegenteil ist der Fall: Nach einem Technikboom zu Zeiten der Pandemie, als Anbieter aus einer Notwendigkeit schnell eine Tugend machten und für ihre Mandanten fast aus dem Nichts faszinierende Onlinewelten erschufen, erlebt die Branche schon seit geraumer Zeit einen Rückgang bei der Nachfrage von rein technikbasierten Kursen. Sehr wohl wird von Nutzern der Vorteil solcher Möglichkeiten gesehen – verminderte Reisetätigkeit und große Zeitersparnis vor allem. Doch steht diesen Vorteilen besonders ein schlagkräftiges Argument gegenüber: Das persönliche Treffen. Lernen von Angesicht zu Angesicht, der Austausch mit Menschen, die leibhaftig im selben Raum sitzen, hat wieder eine hohe Wichtigkeit. Kein Wunder nach der verordneten Isolierung. Im Vordergrund vieler Seminare befindet sich deshalb seit geraumer Zeit wieder das Treffen, Netzwerken und Austauschen der Teilnehmer. Menschen gehen wieder auf Menschen zu. Dieser starken Tendenz können und wollen sich die Anbieter natürlich nicht verschließen.

Dennoch sehen viele von ihnen die momentane Entwicklung ambivalent. Auf der einen Seite sind sie genauso froh wie die Teilnehmer, wieder problemlos in der wirklichen Welt anzukommen. Viele Inhalte lassen sich von Angesicht zu Angesicht besser vermitteln. Emotionen sind spürbar und Rückmeldungen erreichen Coaches, Trainer und Berater direkter. Andererseits konnten einige von ihnen über Onlinekurse neue Zielgruppen und Teilnehmer aus weit entfernten Regionen gewinnen, die sie nun wieder zu verlieren drohen. Eine Zwickmühle, aus der es kein Entkommen zu geben scheint. „Humbug", meint ein Insider, „wenn du wirklich gut bist, kommen die Menschen von überallher zu deinen Veranstaltungen." Bei Größen wie Hermann Scherer, Dirk Kreuter und Christian Bischoff bestätigt sich diese Einschätzung. Ihre Workshops, Seminare und Events sind meist restlos ausgebucht.

Zurück zur Technik. Denn die Frage, wie viel davon die Branche eigentlich verträgt, stellt sich zunehmend auch bei Live-Events, weil die Veranstaltungen nicht nur immer professioneller werden, sondern sich von Jahr zu Jahr mehr zu perfekt inszenierten Shows entwickeln. Gute Unterhaltung mit ernsthaften Inhalten. Dazu braucht es eine Menge Technik: Kreative Beleuchtung, toller Sound, aufmerksamkeitsstarke multimediale Elemente, spannende Live-Schaltungen zu unerwarteten Gästen, vielleicht noch eine Drehbühne und andere technische Raffinessen – der Phantasie sind kaum Grenzen gesetzt, wenn es um das Ersinnen spektakulärer Effekte geht. Mitunter steht dabei allerdings mehr die ausgefeilte Technik als der Trainer oder Speaker im Mittelpunkt des Geschehens. Um überbordende Showelemente zu vermeiden und die Wissensvermittlung wieder neu zu betonen, muss sich die Branche in der Tat die Frage stellen, wie viel Technik ihre Veranstaltungen vertragen. Eng damit verknüpft ist auch die Frage, worum es eigentlich geht. Sollen die Teilnehmer verzaubert oder schlau gemacht werden? „Beides", meint der schon zitierte Insider. „Es geht darum, mit ausgewählten Elementen aus dem Repertoire der Unterhaltungsindustrie nicht nur Wissen zu vermitteln, sondern das Publikum darüber hinaus in die Lage zu versetzen, das Gelernte später auch anzuwenden." Mit anderen Worten: Erinnerungen zu erschaffen, mit deren Hilfe sich manches besser einprägt.

Damit ist die Frage auch schon beantwortet. Es ist die Technik, die zum Wissenstransfer beiträgt. Nicht mehr, aber auch nicht weniger. Jeder Scheinwerfer, jedes Mikrofon und jeder Spezialeffekt sollten daraufhin überprüft werden, ob sie wirklich für die Vermittlung der Inhalte eines Live-Events sinnvoll sind. Zahlen sie auf die Lernkurve des Publikums ein, ist ihre Verwendung sehr zu begrüßen.

### Die Erschließung neuer Zielgruppen

Überhaupt das Publikum: Welche Menschen genau stecken hinter diesem Begriff? Wer ist das Publikum? „Sehr unterschiedlich", sagen Experten. „Vom Einzelnen, der lernen und vorankommen möchte über Mitarbeiter, die von ihren Firmen zur Fortbildung geschickt werden, bis zu Menschen, die ihr Leben komplett verändern möchten und dafür Unterstützung benötigen." Der durchschnittliche Teilnehmer, so weiß man in der Branche längst, ist heutzutage entweder auf der Suche nach einem neuen Lebenssinn oder möchte sich Anregungen einkaufen, um noch erfolgreicher zu werden. Viele sind stark verunsichert und kommen mit großen beruflichen oder gesellschaftlichen Wandlungen kaum zurecht. Sie wollen Zuspruch erhalten und Energie tanken, damit sie ihr Leben wieder in den Griff bekommen und weitermachen können. Manche springen aber auch einfach nur auf den fahrenden Zug auf, weil sie sowieso jedem Trend hinterherlaufen und es im Moment angesagt ist, zu einem Coach zu gehen oder an Events teilzunehmen, bei denen man etwas über Verkauf, den Sinn des Lebens und den ganzen Rest lernt. Mit anderen Worten: Die Motivation, um Coaching, Training oder Beratung zu buchen, ist äußerst unterschiedlich.

Entsprechend herausfordernd ist es für die Branche, neue Zielgruppen zu erschließen. Zumal sich kritische Stimmen mehren, die vor schwarzen Schafen und gefährlichen Methoden besonders beim Coaching warnen. Sie fordern verbindliche Ausbildungsvorschriften und einen Schutz der Berufsbezeichnung, damit Mandanten einen einheitlichen Qualitätsmaßstab erwarten dürfen. Doch die Branche lässt sich derzeit kaum davon beeindrucken. Erfolgreiche Anbieter füllen nach wie vor Hallen und werden von ihren Anhängern wie Rockstars verehrt. Ihre Events begeistern und motivieren zugleich. Menschen scheinen gerade in schwierigen Zeiten Gemeinschaftserlebnisse zu brauchen, die sie als Gruppe ansprechen, mitreißen und motivieren. Einige verlassen geradezu beseelt den Ort der Veranstaltung und mit dem Gefühl, ab sofort wird sich für sie alles zum Guten wenden.

Als starker Motor, um diese neuen Zielgruppen zu erschließen, erweist sich einmal mehr das Internet. Hier verbreiten

Coaches, Trainer und Berater ihren Content und machen damit auf sich aufmerksam. Wer wirklich lernen will, der findet im Web alles, was er zum Durchstarten benötigt. Videos, Podcasts, Ansprechpartner. Kaum ein Thema bleibt unerwähnt. Wer sich mit seiner Mailkennung registriert, erhält sogar Bücher gratis. Im Grunde also das komplette Paket für umfangreiches Lernen. Anbieter verschenken ihr Wissen. Doch nicht ganz kostenlos. Sie sammeln Adressdaten. Zusammen mit Onlinewerbung über gezielte Ads bilden sie die Basis zur Generierung wertvoller und vor allem nachhaltiger Leads. Kein Interessent entgeht ihrer Aufmerksamkeit. Verkäufer nehmen Kontakt auf und überzeugen oft am Telefon, weil die Bereitschaft zum Kauf eines Kurses oder eines Tickets zur Veranstaltung per se schon vorhanden ist. Wer schon das Gefühl hat durch Videos, Podcasts und Bücher, einen Anbieter gut zu kennen, ist eher bereit, ihn auch live zu erleben, weil er bereits ahnt, was ihn erwarten wird und genau das bucht. Fast niemand kauft die Katze im Sack.

Die Gewinnung neuer Zielgruppen ist also beinahe automatisiert. Das Schema: Möglichst viel Content produzieren, im Web gratis bereitstellen, dazu passgenaue Onlinewerbung schalten und die so generierten, sehr „heißen" Leads durch ein starkes Verkaufsteam einsammeln. Hört sich einfach an, bedarf aber eines ausgeklügelten Marketingplans, profunder Kenntnisse, professioneller Tools und nicht zuletzt eines erstklassigen Protagonisten, der bei der Zielgruppe ankommt. Das beantwortet letztlich auch die Frage, weshalb nicht jeder im Internet erfolgreich wird, wenn es doch anscheinend so einfach ist. Die Mechanismen sind tatsächlich leicht verständlich und erlernbar. Und doch bedarf es des Willens zum Erfolg, der Geduld, eines guten Gespürs für die richtigen Inhalte sowie vor allem der Menschen, die beim Publikum ankommen und dafür hart arbeiten. An diesen unabdingbaren Voraussetzungen scheitern die meisten „Goldgräber", die im Web den

„schnellen Euro" verdienen wollen. Ihnen fehlt die Kontinuität, der regelmäßige Einsatz. Vor allem am Anfang ist es schwierig, Aufmerksamkeit zu erreichen. Das kann eine frustrierende Zeit sein. Wer die nicht motiviert übersteht, hat keine Chance. So ist der Weg zu neuen Zielgruppen also nicht für jeden gangbar. Wer ihn aber erfolgreich beschreitet, wird in der Branche der Coaches, Trainer, Speaker und Berater voraussichtlich ein aufgehender Stern sein, der Hallen füllt und den seine Fans verehren.

Onlinewerbung hat einen immensen Einfluss auf die Branche. Durch sie werden die Karten neu gemischt. Manche Anbieter erleben durch sie einen steilen Aufstieg, andere verschwinden über Nacht. Die Branche definiert sich neu.

**Die Bedeutung des persönlichen Kontakts in Zeiten der sozialen Medien**

Wie schon erwähnt, ist der persönliche Kontakt in den vergangenen Jahren wieder wichtiger geworden. Vielleicht wünschen sich die Menschen sogar einen weitaus intensiveren Kontakt als vor der Pandemie. Der Schock der Einsamkeit sitzt bei manchen sehr tief. Das bedeutet für die Branche der Coaches, Trainer, Speaker und Berater ein Umdenken. Raus aus den Onlinekursen – aber nicht ganz – und hin zu neuen Formaten mit persönlichem Bezug – aber nicht nur. Es scheint in manchen Bereichen eine Gratwanderung zu sein. Zum Beispiel bei individuellem Coaching. Wann ist es ratsam, sich zu treffen und zu welchen Zeiten macht eine Onlineunterstützung möglicherweise weitaus mehr Sinn? Anders gefragt: Muss und sollte es immer das persönliche Treffen sein oder ist unter Umständen eine gewisse Distanz zwischen Coach und Mandanten sogar förderlich? Worüber früher kaum jemand nachdachte, bietet heute echte Chancen. Der sinnvolle Wechsel zwischen persönlichen und virtuellen Treffen, also direkter Nähe und räumlicher Entfernung kann als zusätzliches Element die Beziehung zwischen Coach und Mandant beleben. Zumal sie auch einen ganz praktischen Nutzen in sich trägt, denn Sitzungen müssen weniger verlegt werden oder sogar ausfallen, sollte der Mandant beispielsweise durch berufliche Reisen verhindert sein. Einfach vom aktuellen Standort aus einloggen und den Termin online wahrnehmen. Auch dadurch kann sich der Kontakt zwischen Coach und Coachee intensivieren.

Anders stellt sich die Frage im Bereich der Trainer und Speaker. Denn bei Live-Events mit mehreren hundert oder gar tausend Teilnehmern definiert sich persönliche Nähe komplett unterschiedlich. Was bedeutet Kontakt zum Einzelnen in einer großen Halle überhaupt? Zweierlei: Das Erlebnis der Veranstaltung prägt sowohl die Nähe zu Gleichgesinnten, die sich dort kennenlernen oder schon zusammen anreisen, als auch die gefühlte Nähe zum Akteur auf der Bühne. Es ist bekannt und wissenschaftlich belegt, dass sich der Herzschlag der einzelnen Teilnehmer bei Konzerten und religiösen Zeremonien angleicht. Das ist auch bei großen Motivationsveranstaltungen der Fall, wenn die Teilnehmer gleich denken, fühlen und oftmals auch handeln. Dadurch stellt sich auch eine besondere Nähe zum Trainer auf der Bühne ein, der das Denken und die Handlungen vorgibt. So entsteht eine starke Verbindung, obwohl die Entfernung zur Bühne zugleich auch eine gewisse Distanz schafft. Doch sie wird in den Augenblicken geistiger Übereinstimmung spielend überbrückt. Lassen sich die Teilnehmer ganz auf das Geschehen ein, erleben sie sehr direkt, wie der sprichwörtliche Funke überspringt und auf einmal alles möglich erscheint. Der Trainer wird zu einer Leitfigur und alle Menschen in der Halle bilden eine große Familie. Solche Gefühle sind es auch, die Live-Events in einem großen Rahmen erfolgreich machen. Der persönliche Kontakt ist zwar gar nicht so „persönlich" im Sinne von tatsächlichem Austausch, geht aber zum Teil sogar über den üblichen Charakter von Treffen hinaus, weil er durch eine gewisse seelische Verbindung eine Einheit zwischen dem Trainer und den anderen Teilnehmern herstellt. Die Wirklichkeit wird als Einheit zwischen dem Trainer und jedem einzelnen Teilnehmer einerseits sowie allen Menschen untereinander andererseits erlebt. Dieser Effekt macht einen bedeutenden Teil der Wirkung von Live-Events aus. Teilnehmer berichten von nie zuvor gekannten Motivationsschüben, spontanen Hoffnungen und ungeahnten Erweckungserlebnissen. Auch aus diesen Gründen besuchen Menschen immer wieder solche Live-Events bekannter Trainer.

Darüber hinaus gibt es durchaus auch sehr persönliche und auch berührende Begegnungen zwischen Trainern und Teilnehmern am Rande von großen Veranstaltungen. Manche sind geplant, wie beispielsweise Mittagessen mit besonderen Gästen oder Fotosessions. Andere finden spontan statt und werden mit Begeisterung aufgenommen. Auch Signierstunden gehören natürlich zu den Ereignissen, wo direkte Kontakte mit einem schnellen Austausch zwischen Trainer und Fans passieren. Die Menschen suchen danach und nehmen diese Möglichkeiten dankbar auf.

Diese Erfahrung macht auch Dirk Kreuter immer wieder. Die Menschen wollen ihn erleben und nicht wenige warten nach der Veranstaltung auf ihn, um seine Hand zu schütteln. Die Live-Events von Dirk Kreuter sind für die Menschen ein echtes Erlebnis. Viele kommen nach Angaben des Veranstalters immer wieder und kennen sich zum Teil bereits untereinander. Es entstehen fast schon familiäre Gefühle. Man tauscht sich untereinander aus, erzählt sich von eigenen Erlebnissen und Erfolgen, spricht sich Mut zu, wenn es einmal nicht so gut läuft. Das Dirk Kreuter-Phänomen macht auch aus, dass der Trainer selbst manchmal nur ein Katalysator für das Zusammenkommen ist. Er setzt die Themen und bringt durch die Gestaltung seiner Veranstaltung Gleichgesinnte zusammen, die sich für ihn begeistern und gemeinsam von ihm lernen. Dirk Kreuter entwickelte gerade in dieser sozialen Komponente seiner Auftritte eine ganz besondere Meisterschaft. Dafür verehren ihn die Menschen geradezu. In seinen Veranstaltungen schafft er eine perfekte Balance zwischen seinem eigenen Input und der Selbstbeteiligung des Publikums. Mit Wissen und Erfahrung gibt er den Menschen sehr viel inhaltliche Unterstützung mit auf ihren Weg, aber auch immer eine Menge Gesprächsstoff für den Austausch untereinander. Diese Mischung zeichnet ihn aus und zieht sein Publikum geradezu magisch an. Und nur so lässt sich zumindest teilweise das Dirk Kreuter-Phänomen schlüssig erklären, das die Branche der Trainer, Coaches, Berater und Speaker in geradezu neue Höhen expandieren lässt.

Dem persönlichen Kontakt wird also eine sehr große Bedeutung eingeräumt, wobei er auf verschiedensten Ebenen ablaufen kann. Und auch für die meisten Erfolgstrainer sind sie von herausragender Bedeutung. Denn nur dabei erhalten sie die größte Anerkennung für ihre Arbeit und direkte Rückmeldungen von ihrer Klientel. Das Bad in der Menge ist – wenn auch anstrengend – oft der schönste Dank für viele einsame Stunden der Ausarbeitung von Inhalten und der Vorbereitungen großer Live-Events.

# 8
# Das Abenteuer vom anderen Sein

Von Hermann Scherer war bereits im zweiten Kapitel unter der Überschrift „Vom Bettler zum Speaker" die Rede. Er gehört inzwischen zu den bekanntesten Speakern nicht nur im deutschsprachigen Raum und blickt auf rund 40 Jahre vor Publikum und auf Bühnen zurück. Wie hat sich die Landschaft der Coaches, Trainer, Berater und Speaker in dieser Zeit gewandelt? „Früher waren Coaching und Training wenig verbreitet", erinnert er sich. „Persönlichkeitstrainings gab es kaum." Hermann Scherer begann, Vorträge vor Unternehmensvertretern zu halten. In seinem Spitzenjahr insgesamt 275 Vorträge – einmal sogar drei an einem Tag und das in drei unterschiedlichen Ländern. „Ungefähr 99 Prozent meiner Arbeit findet im Business to Business-Markt (B2B) statt. Damals zog ich keine anderen Aufträge an Land. Aber bis heute ist diese Seite des Marktes erstaunlicherweise weitgehend unbekannt. Die meisten Trainer wollen in den Business to Customer-Markt (B2C) einsteigen. Dabei ist vor allem der B2B-Markt riesengroß und im Bereich B2C treten sich alle gegenseitig auf die Füße."

Parallel dazu entstand nach den Beobachtungen von Hermann Scherer der heutige Persönlichkeitsmarkt. „Dabei geht es darum, durch die richtigen Fragen den Menschen zu helfen, eigene Antworten zu entwickeln." Fachlich gesehen habe da vieles nach seinem Dafürhalten mit klassischem Coaching nichts zu tun. „Das ist eine unendlich vielseitige Sehnsuchtsindustrie. Eine Menge Menschen wollen den Weg der Selbstoptimierung einschlagen oder sehnen sich nach dem großen Glück." Deshalb wachse auch der gesamte Markt sehr stark. „Ich bin fest davon überzeugt, dass wir in den kommenden Jahren rund eine Million zusätzliche Coaches, Trainer, Speaker und Berater benötigen werden, um die Nachfrage abzudecken." Die Branche sei augenblicklich dabei, sich zu einem Milliarden-Markt zu entwickeln. Er selbst mache in diesem Jahr unfassbare zwölf Millionen Euro Umsatz mit 25 Mitarbeitern. „Das hätte ich früher niemals für möglich gehalten", sagt er erstaunt. „Einige Firmen erwirtschaften sogar einen Umsatz von bis zu fünfzig Millionen Euro. Und es ist unfassbar, wie sich der Markt in den Vereinigten Staaten entwickelt. Da ist ein Loser, wer nur eine Million Dollar im Jahr macht." Er selbst hat vor ein paar Jahren seine Vortragstätigkeit bewusst reduziert. Stattdessen hilft er heute mit Seminaren, Veranstaltungen und Events weltweit anderen Menschen dabei, die Bühne zu erobern und mit bestem Marketing ihre Sichtbarkeit deutlich zu erhöhen.

**Wir leben in Zeiten, in denen erstmals Selbstoptimierung möglich ist**

Gibt es eine plausible Erklärung für diese explosionsartige Nachfrage? „Für mich erklärt sich diese Entwicklung aus dem starken gesellschaftlichen Wandel", meint Hermann Scherer. „Die Zeiten der körperlich stupiden Arbeit sind fast vorbei, Robotik und KI übernehmen. Dadurch sind die Menschen gezwungen, immer mehr geistigen Tätigkeiten nachzugehen. Beinahe jeder muss ein Leben lang lernen, weil die Welt sich verändert. Gerade in den vergangenen zehn Jahren gab es unendlich viel dazuzulernen. Aus diesem Grund arbeite ich selbst mit Coaches zusammen, die mir eine Menge erklären und mich dabei unterstützen, in der Zeit zu bleiben. Ganz besonders Wissen um Empathie und Menschlichkeit müssen sehr viele vollkommen neu aufbauen." Hinzu seien die Narben zu zählen, die alle Menschen im Laufe ihres Lebens bekommen: Durch Eltern, Schule, Arbeit, Missbrauch, direkte körperliche Gewalt oder manches mehr. „Wir leben in einer großen Welt der Selbstheilung und Selbstoptimierung. Es gibt einen starken Drang, über das alles zu sprechen. Viele erleben toxische Beziehungen oder sind vom Narzissmus betroffen." Hermann Scherer überlegt kurz, dann ergänzt er: „Zu unserem Glück leben wir zu einem Zeitpunkt in der Menschheitsgeschichte, in der erstmals überhaupt die Möglichkeit zur Heilung und Selbstoptimierung besteht. Nie zuvor hatten Menschen dafür Muße und Zeit. Zudem sind wir insgesamt sehr viel feinfühliger geworden. Tausende Einflüsse machen uns in einer sehr viel komplexer gewordenen Welt unsicherer", meint Hermann Scherer, was sich zum Beispiel in den vielen Fällen von Burnout deutlich zeige. „Unsere Partnerschaften, Finanzen, Arbeitsplätze, selbst Freundschaften – alles steht praktisch jeden einzelnen Tag auf dem Prüfstand. Zudem werden wir uns immer mehr der großen Mängel unseres Schulsystems bewusst. In der Ausbildung junger Menschen gibt es sehr viele Versäumnisse. Die entstehenden Lücken müssen später im Leben geschlossen werden. Das sind einige der Aspekte, die zu dem Boom führen, den wir im Bereich Coaching, Training und Speaking augenblicklich erleben."

Doch nach Ansicht von Hermann Scherer ist das längst nicht alles. „Um uns herum besteht eine Scheinwelt, ein vermeintliches Traumleben, das jedem von uns per *Instagram* und Co vermittelt wird und Sehnsüchte schürt, die sich viele erfüllen möchten. Auch deshalb füllen beispielsweise Motivationstrainer mit Leichtigkeit die Hallen. Die Menschen wollen lernen, wie ihre Idole aus der Welt der sozialen Medien zu sein. Dafür sind sie bereit viel Zeit und Geld zu investieren."

## Seminartourismus

Wie wird sich der Markt der Coaches, Berater, Trainer und Speaker auch durch diese Entwicklung verändern? „Früher machte man als Coach alles", erinnert sich Hermann Scherer. In Zukunft wird sich der Markt enorm diversifizieren. Schon heute gibt es für jeden Minibereich einen spezialisierten Coach. Aber das ist erst die Spitze des Eisberges. Es wird ständig neue Teilbereiche geben. Der Markt wir auch in den kommenden Jahren stark wachsen." Einen Aspekt dabei findet Hermann Scherer allerdings eher bedenklich: „Die meisten machen die Ausbildung zum Coach vor allem, um sich selbst besser kennenzulernen." Das würde der Branche allerdings mehr schaden, als sie voranzubringen.

Davon abgesehen ist der eigentliche Wandel der Branche aber die Hinwendung zum „Abenteuer Leben", wie Hermann Scherer es ausdrückt. „Wir verkaufen Erlebnisse, schaffen Emotionen, inspirieren unsere Teilnehmer." Er berichtet von einem „großartigen Mann", der bei einer seiner Veranstaltungen die Bühne gerockt habe. „Darum ging es in dem Seminar, aus dem Schatten heraus in das Licht der Bühne zu treten und die Kraft der eigenen Präsenz zu spüren." Dieser Mann sei einfach aus sich herausgekommen und habe eine tolle Show geliefert. Monate später traf ich ihn wieder und fragte, was er denn nun mit seinem neu entdeckten Talent anfangen wolle. „Nichts", antwortete er mir, „ich wollte nur einmal dieses unglaubliche Gefühl erleben, auf einer großen Bühne zu stehen." Doch in der Regel bleibt es nicht bei einer einzelnen Bühnenerfahrung. „Inzwischen höre ich von Kollegen und registriere auch selbst, dass Menschen immer wieder an denselben Veranstaltungen teilnehmen. Sie kommen nach Berlin, Hamburg, Frankfurt und München. Manche scheinen uns zu folgen, man trifft sich inzwischen zwei, drei Mal im Jahr. Ich nenne das Seminartourismus", sagt Hermann Scherer. „Es geht den Menschen um das Erlebnis und die gute Gemeinschaft. Beides möchten sie immer und immer wieder erleben. Sie fühlen sich angesprochen, eingebunden und zugehörig. Die Veranstaltungen unserer Branche ersetzen für manche Teilnehmer die verlorengegangene Sinnhaftigkeit anderer Gemeinschaften oder auch ihres eigenen Lebens."

## Kätzchen und Tiger

Damit erfüllt die Branche der Coaches, Trainer und Berater eine sinnvolle Aufgabe, die Hermann Scherer selbst jedes Jahr in zehn bis zwölf Länder bringt. Neben Deutschland sind natürlich Österreich und Schweiz dabei, aber auch entfernte Ort wie Las Vegas und Tokio. „Dort trete ich hauptsächlich vor einem deutschsprachigen Publikum auf. Dennoch sind die Erwartungen und Fragestellungen manchmal sehr unterschiedlich." Für die Teilnehmer ist es ein Erleben in neuer Umgebung. „Schon der andere Rahmen allein macht etwas mit ihnen", ist sich Hermann Scherer sicher. „Sie erhalten neue Referenzwerte und Selbstwirklichkeitsüberzeugungen. Menschen verändern sich dadurch. Jedes Erlebnis führt letztlich zu einer Persönlichkeitsentwicklung." Es ist ein Blick über den Tellerrand. Oder wie Hermann Scherer es nennt: „Ein liebevoller Schubser." Bildhafter ausgedrückt: „Manche kommen als Kätzchen in meine Veranstaltung und gehen als Tiger wieder hinaus."

Der Erfolg bleibt Hermann Scherer auch nach seinem sechzigsten Geburtstag treu. „Für nächstes Jahr bin ich fast schon ausgebucht." Irgendwann möchte er auch weniger arbeiten. Obwohl es ihm nach wie vor Spaß bringt. Andererseits verändert sich aus seiner Sicht das Berufsfeld rasant und nachhaltig. „Die Felder weiten sich aus. Mediation kommt zum Beispiel stärker dazu. Immer mehr Menschen sind in unserer Branche tätig, ohne sich Coach zu nennen. Es ist eine Frage der Begrifflichkeiten."

Hermann Scherer kann sich vorstellen, wieder mehr zu lesen, sobald er beruflich kürzer tritt. Bücher spielten in seinem Leben stets eine große Rolle. „Siebzig Bücher habe ich selbst geschrieben, über tausend Büchern Impulse gegeben. Das ist ein wunderbares Gefühl." Natürlich sind Bücher für ihn auch nach wie vor ein aufmerksamkeitsstarkes Marketinginstrument. Aber nicht nur, denn: „Ein Buchautor ist auch eine Art Coach." Er liebt es, sein Wissen in Buchform weiterzugeben und auf diese Weise Menschen zu helfen. Eines seiner erfolgreichsten Bücher ist „Glückskinder: Warum manche lebenslang Chancen suchen – und andere sie täglich nutzen" (2011). Darin geht es um Chancenintelligenz, die Fähigkeit, Chancen zu erkennen und zu nutzen – und zwar die richtigen. „Ich erzähle von Menschen, die Chancen in scheinbar unbedeutenden oder gar ausweglosen Situationen gesehen und ergriffen haben", erinnert sich Hermann Scherer. Er selbst gehört scheinbar dazu. Allein seine Bücher wurden mittlerweile in 21 Sprachen übersetzt. Bei allen bescheidenen Anfängen hat sich Hermann Scherer zu einem Speaker der Superlative entwickelt. Sein Erfolgsrezept findet sich in einem seiner Lieblingsbücher, „Tipping Point" (2000) von Malcolm Gladwell. Es geht um die magischen Momente, die eine Lawine lostreten und einen neuen Trend begründen können. Eben darum, „wie kleine Dinge Großes bewirken". Und darum geht es letztlich auch Hermann Scherer: Mit seinen Vorträgen Menschen zu bewegen, ihr Leben zum Besseren zu wenden oder ihnen zumindest Augenblicke der Aufmerksamkeit zu geben, wie sie der eine Mann hatte, als er die Bühne rockte. Das ist es, was für Hermann Scherer seine Arbeit auszeichnet und ihn jeden Tag aufs Neue motiviert. Menschen – nicht mehr und nicht weniger.

Seine eigene Sicht auf den Bereich des Coachings fasst Hermann Scherer in einem Bericht zusammen, der ein ganz persönliches Licht aus der Feder eines Insiders auf eine Branche wirft, die sich nahezu exponentiell entwickelt und bei der zurzeit kaum absehbar ist, wohin die Reise gehen wird.

## Sehnsuchtsindustrie Coaching

> Kaum eine Branche steht so im Fokus kritischer Betrachtung wie die des Coachings. Doch wo Coaching draufsteht, ist nicht immer Coaching drin. So wird der Coaching-Branche häufig Unrecht getan, denn Coaching ist ein Begriff für unterschiedliche Beratungsmethoden, in denen die Entwicklung eigener Lösungen begleitet und gefördert wird. Methodisch bezeichnet das Wort strukturierte Gespräche zwischen einem Coach und einem Coachee. Dabei fungiert der Coach als neutraler, kritischer Gesprächspartner – denn das Erbringen einer Dienstleistung hängt auch immer vom Empfänger ab. Wer beim Zahnarzt den Mund nicht aufmacht, der wird es schwer haben, die Dienstleistung zu empfangen.
>
> Inzwischen ist der Begriff Coaching um viele Leistungen ergänzt worden und umfasst neue Bereiche – die mit Coaching im engeren Sinne – nicht mehr viel zu tun haben: Großveranstaltungen, Events und immer neue Weiterentwicklungen aus den Bereichen Motivationsstrategien, Ressourcenaufbau, Forschung und Künstliche Intelligenz (KI) haben ihren Platz gefunden. Keine Frage, das Geschäft boomt so sehr wie noch nie. Und es steht, da bin ich mir sicher, ziemlich am Anfang. Es ist längst – immer noch dem Vorreiter USA folgend – zum Multi-Milliarden-Business geworden.
>
> Die potentiellen Honorare versprechen ein Übriges und sind äußerst reizvoll. Während sich der durchschnittliche deutsche Coachingsatz pro Tag bei circa 900+ Euro einpendelt, sind die Berater im Schnitt mit 1.300+ Euro und

die Trainer mit 1.700+ Euro vertreten. Speaker, Top- und Keynote-Speaker fakturieren sogar hohe vier- oder fünfstellige Honorare – wohlgemerkt pro Auftritt von zwanzig bis sechzig Minuten und nicht pro Tag. Selbst in Deutschland sind mittlerweile mehrere Vorträge zu einem Satz von über einer Million Euro pro Vortrag verkauft worden.

Diese finanzielle Perspektive zieht natürlich auch schwarze Schafe an, die vorgeben etwas zu sein, was sie nicht sind. Blender, die kein Auto besitzen, sich aber einen Lamborghini für dreißig Minuten leihen, um davor Videos zur finanziellen Freiheit zu drehen und den Mietwagen dann mangels Liquidität mit leerem Tank zurückgeben. Und das ist nur ein Beispiel von vielen. Um nicht enttäuscht zu werden und qualifizierte Leistungen zu erhalten – und das gilt selbstverständlich für jede Branche – ist es wichtig, sich vorab zu erkundigen und breitgefächert zu informieren, Referenzen einzuholen und die angebotenen Produkte zu prüfen.

Früher gab es den Spruch „Wer nichts wird, wird Wirt!" Dieser Spruch wird heute ergänzt mit „Wer gar nichts wird, wird Coach." Das trifft oft auf Menschen zu, die sich geradezu berufen fühlen, ihre Botschaft zu senden. Zum Beispiel Influencer oder Menschen, denen als Kind die Heidelbeere vom Kuchen weggenommen wurde und die nicht gleich geheult haben, fühlen sich plötzlich zum Resilienz Coach berufen. Andere, die einen Trauerfall in der Familie erlebten, sehen sich als Experten in der Trauerverarbeitung und sollte man selbst seine fünf Kilo Übergewicht abgebaut haben, so ist der nächste Schritt zum Diät- und Life-Coach für viele logisch. Die eigenen Erlebnisse oder Erfolge motivieren einen selbst, andere zu motivieren. Nun warum eigentlich nicht – es funktioniert ja irgendwie. Deshalb beginnen immer mehr Menschen damit, Coaching-Ausbildungen anzubieten. Einige Teilnehmer solcher Coaching-Ausbildungen werden jedoch nie zum Coach, sondern besuchen die Ausbildung, um sich selbst – und wie so gerne und so oft angeboten – das innere Kind zu heilen. Seminartourismus im Sinne der Selbstoptimierung. Dabei ist eine Coachingausbildung kein Coaching. Genauso wie Theorie keine Praxis ist oder das Bestehen der Führerscheinprüfung kein unfallfreies Fahren garantiert. Aus dem Begriff Coaching ist mittlerweile eine Industrie entstanden. Eine Industrie, die Sehnsucht schürt, Träume weckt – aber auch Erfolge generiert.

# 9
# Die große Bühne

Es war ein langer Weg vom sogenannten Frontalunterricht zu den offenen Seminaren in der Kita-, Schul- und Erwachsenenbildung. Er begann in den 1970er Jahren als Antwort auf erste Reformansätze im Bildungsbereich und erstreckt sich bis in die Gegenwart. Gemeinsames Lernen und Inklusion stehen dabei im Mittelpunkt. Auch als das Wort noch kaum jemand kannte, wurde dabei bereits mit interaktiven Elementen im Unterricht experimentiert. Heute setzt sich diese Entwicklung auf allen Ebenen im Bildungsbereich und ganz besonders in der Branche der Coaches, Trainer, Berater und Speaker fort. Denn gerade die Events in großen Hallen sind eine Erweiterung der offenen Seminare in der heutigen modernen Zeit.

## Die Entwicklung der offenen Seminare

Seit den ersten Experimenten mit offenen Seminaren gewannen sie im Laufe der Jahrzehnte zunehmend an Bedeutung und sind zu einem wichtigen Instrument der Wissensvermittlung und des Austauschs unterschiedlicher Perspektiven geworden. Offene Seminare sind flexibel gestaltet und decken eine breite Palette von Themen ab – von beruflicher Weiterbildung über persönliche Entwicklung bis hin zu kulturellen und gesellschaftlichen Fragestellungen. Ihr breitgefächertes Themenangebot macht sie besonders attraktiv für ein vielfältiges Publikum. Darüber hinaus sind offene Seminare inklusiv gestaltet und ermöglichen es Menschen mit unterschiedlichsten Hintergründen, gemeinsam zu lernen und voneinander zu profitieren. Insgesamt haben offene Seminare im Laufe der Zeit an Bedeutung gewonnen und sind zu einem wichtigen Instrument der Bildungs- und Wissensvermittlung geworden. Ganz besonders, seit sie immer mehr einen Eventcharakter in großen Veranstaltungen annehmen und dabei das Gemeinschaftsgefühl der Teilnehmer fördern. Oft strömen hunderte, manchmal tausende Menschen zu einem bekannten Trainer. Sie alle erwarten Anregungen, Wissen und vor allem Motivation. Doch was sie darüber hinaus auch suchen, ist der Kontakt zu den anderen Besuchern. Live-Events sind auch Treffen von Gleichgesinnten. Da fällt es sehr viel leichter, einander kennenzulernen. Schließlich gibt es von Anfang an ein interessantes Gesprächsthema. Viele treffen sich auch schon zum zweiten oder sogar dritten Mal. Manche Veranstaltungen ähneln Familientreffen, zu denen sich dieselbe Gruppe zusammenfindet und um den einen oder anderen Neuen ergänzt wird. Man weiß weitgehend, wen man vorfindet und was man voneinander zu erwarten hat. Der Trainer wird zum Gastgeber dieser Treffen, begrüßt den einen oder anderen Teilnehmer persönlich, schüttelt Hände, führt durch das Programm, wirft seine Themen in die Runde, erzählt seine Geschichten und zelebriert die gemeinsame Veranstaltung. Ab und zu bittet er einen Teilnehmer auf die Bühne, der sich geehrt und beschämt zur gleichen Zeit fühlt, überredet ihn, etwas beizutragen und entlässt ihn danach mit großem Applaus. Alles für das gute Gefühl der Menge.

Offene Seminare sind eine Riesengaudi mit ernstem Hintergrund. Der Trainer wird zum Showmaster und die Teilnehmer zum Live-Publikum zwischen Konsum, Unterhaltung und anspruchsvollem Lernen. Experten heben hervor, dass die interaktive Natur von offenen Seminaren und Live-Events das Lernen effektiver macht. Teilnehmer können nicht nur Fragen stellen und erhalten direkte Antworten, sondern nehmen auch an einprägsamen Diskussionen teil und bekommen auf ihre Beiträge direkte Rückmeldungen vom Trainer. Viele offene Seminare nutzen interaktive Methoden wie beispielsweise Gruppenarbeiten, um das Lernen effektiver und spannender zu gestalten. Zudem bieten sie oft aktuelle und relevante Inhalte sowie die neuesten Trends in bestimmten Bereichen. Die Vernetzung mit Experten und Gleichgesinnten kann darüber hinaus zu neuen beruflichen Chancen der Teilnehmer führen. Außerdem bieten praktische Anwendungen und Beispiele während der Veranstaltungen einen profunden Nutzen im beruflichen Alltag. Dieses Lernen von den Erfahrungen und Erfolgen anderer Menschen inspiriert und motiviert das eigene Handeln. Viele der Teilnehmer von offenen Seminaren berichten, dass sie nach der Veranstaltung disziplinierter zur Sache gehen und ihr Leben sehr viel zielgerichteter anpacken.

**Als Einzelredner in großen Hallen**

Haben Sie schon auf einer Bühne vor ein paar hundert Menschen gestanden? Was war das für ein Gefühl? Beobachteten Sie sich selbst? Wie gestaltete sich der Kontakt zum Publikum für Sie? Gab Ihnen Ihr Auftritt ein gutes Gefühl und was ging Ihnen währenddessen durch den Kopf? Bekamen Sie später positive Rückmeldungen?

Sollten Sie selbst schon über Erfahrungen als Redner oder Trainer verfügen, können Sie gut einschätzen, welch atemberaubende Anstrengung es bedeutet, im Rampenlicht zu stehen und jede einzelne Sekunde absolut präsent sein zu müssen. Sie werden beobachtet, angestarrt, manchmal kritisch beäugt oder sogar belächelt. Das Publikum ist unruhig: Sie nehmen die Bewegung im Saal wahr, das Flüstern untereinander, sehen vielleicht Kopfschütteln, bemerken jemanden, der den Raum verlässt, manche schreiben mit, andere essen und trinken vielleicht sogar nebenbei. Alles registrieren Sie sehr bewusst und sollten es doch ausblenden. Denn Sie stehen mit ihrem Programm auf der Bühne, die Menschen sind ihretwegen gekommen und Sie haben in genau diesem Moment die Macht, die Teilnehmer in ihren Bann zu schlagen. Doch möglicherweise nagen Selbstzweifel an ihnen. „Schaffe ich das heute?", fragen Sie sich. „Es ist anders als sonst, die Unruhe ist größer, die Aufmerksamkeit sinkt schon gleich zu Beginn." Während Sie reden, beobachten Sie sich selbst und Ihr Publikum, in Ihrem Kopf läuft ein ganzer Film über Bedenken und Kritik ab. Sie sagen sich: „Das wird heute nichts. Diese Teilnehmer gewinne ich nicht." Und dann legen Sie los, sprechen die ersten Menschen von der Bühne aus direkt an, agieren mit dem Publikum, bekommen die ersten Lacher, den ersten Applaus, die ersten guten Fragen, auf die Sie souverän eingehen. Plötzlich sind Sie im Flow. Sie rocken die Bühne, Sie beherrschen den Saal, Sie gewinnen ihre Teilnehmer für sich. Am Ende erhalten Sie Standing Ovation.

Natürlich bekommt jeder Redner mit der Zeit Routine. Der zehnte Auftritt läuft schon ein wenig schematischer ab als die ersten neun Veranstaltungen abgelaufen sind. Doch das Lampenfieber bleibt, die Anspannung vor den Eingangssätzen, die Angst auch vor dem Publikum. Jeder Redner fühlt auf der Bühne Macht und Ohnmacht zugleich. Er kann mit den Menschen spielen, ihnen Raum geben und sie motivieren. Aber die Menge unten im Saal kann sich auch gegen ihn stellen. Wahrscheinlich musste jeder Redner schon ein solches Fiasko erleben. Doch das Schlimmste ist Teilnahmslosigkeit, die vollkommene Apathie im Saal, wenn der Funke einfach nicht überspringt. Die Angst vor der Stille.

Damit es so weit nicht kommt, bereitet sich jeder Redner akribisch vor, bevor er auf die Bühne geht. Jeder Satz sitzt, jede Geste ist geprobt und jede Pointe trifft das genaue Timing. Es steckt eine Menge Arbeit für den Redner in seiner Show. Ganz abgesehen von der Technik im Hintergrund, die ihn perfekt abgestimmt unterstützt. Alles ist exakt ausgetüftelt, nichts wird dem Zufall überlassen. Der Profi ist daran zu erkennen, dass er nie aus seiner Rolle fällt. Auch wenn er improvisiert, findet er Sekunden später zurück in den Fluss seines Programms. Er kann spontan sein, weil er seinen Text kennt und an genau der richtigen Stelle wieder einsteigt. Durch diese Sicherheit bringt ihn nichts aus der Ruhe. Er hat die Souveränität, auf sein Publikum einzugehen. Dafür nimmt er sich Zeit und bleibt geduldig, selbst wenn langatmige Fragen gestellt werden oder sich Statements zum dritten Mal wiederholen. Das ficht ihn nicht an, denn er weiß um seinen Flow und die Kraft der Freundlichkeit, die er seinen Teilnehmern entgegenbringt. Für eine gelungene Veranstaltung braucht er den Austausch mit den Menschen im Saal und die Balance zwischen Aktion und Reaktion. Darin besteht seine Kunst: Die Menschen einzubeziehen in die thematische Reise, die er für sie vorbereitet hat und ihnen dabei das Gefühl zu geben, alles geschehe ganz leicht, wie von selbst und spontan, sie erleben eine einzigartige Show, die vollkommen auf sie zugeschnitten ist und alle ihre Fragen werden darin beantwortet. Es ist die Ernsthaftigkeit seiner Interaktion, mit der ein guter Redner sein Publikum fesselt und von sich überzeugt.

Zu einem wahren Meister auf diesem Gebiet entwickelte sich im Laufe der Zeit auch Dirk Kreuter. Zu Beginn seiner Karriere trat er nur im kleinen Rahmen auf, gab Seminare vor zunächst wenigen Menschen. Die Teilnehmerzahl wuchs erst allmählich. Das gab ihm die Möglichkeit, über Jahre hinweg Erfahrung im Umgang mit Publikum zu sammeln. So optimierte er fortlaufend sein Auftreten, seinen Stil, den Umgang mit den Teilnehmern, bis er im Laufe vieler Jahre zu dem Dirk Kreuter wurde, den sein Publikum heute auf der großen Bühne erlebt: Souverän, zugewandt, humorvoll, selbstbewusst, leidenschaftlich und mit sehr großen Kenntnissen auf seinem Themengebiet. Was die Menschen natürlich nicht sehen können, ist die harte Arbeit, die hinter jedem seiner gelungenen Auftritte steckt. Monate der Vorbereitung, unendlich viele Proben, immer wieder sachkundige Überarbeitungen seiner Skripte, Selbstoptimierung der Personenmarke Dirk Kreuter. Denn hinter dem Dirk Kreuter-Phänomen stecken nicht nur Wissen und Erfahrung, sondern auch eine detaillierte Vorbereitung und exakte Einstellung auf die Wünsche und Ziele seines Publikums. Wer eine Veranstaltung von und mit Dirk Kreuter besucht, erlebt ein perfektes Event, das bis in jede einzelne Minute hinein ausgearbeitet ist. Nur die Professionalität des gesamten Teams ermöglicht den Teilnehmern das einzigartige Erlebnis einer wissensbasierten Show, die gut unterhält, vor allem aber die Menschen auf ihrem beruflichen Weg unterstützt. Das ist Lernen auf hohem Niveau.

**Das Massenerlebnis aus Sicht des Publikums**

Gedränge am Eingang, enge Bestuhlung, schlechte Luft schon zu Beginn. Es ist nicht unbedingt eine Freude, als Teilnehmer an einer großen Veranstaltung mit hunderten von Menschen mitzuwirken. Doch dann erscheinen die ersten bekannten Gesichter, es kommt eine freundliche Durchsage und die Spannung steigt mit jeder Minute.

Bei großen Veranstaltungen spielen die allgemeine Stimmung sowie die Atmosphäre eine ungemeine wichtige Rolle. Die Energie der Menge kann sofort anstecken sein und umgehend ein positives Gemeinschaftsgefühl erzeugen. Die Möglichkeit zur Interaktion – sei es durch Klatschen, Mitdiskutieren, die Einreichung von Fragen oder andere Formen der Beteiligung – intensiviert das Erlebnis oft sogar noch. Ein aktives Publikum fühlt sich oft stärker eingebunden und emotionaler verbunden. Ganz entscheidend dabei ist die Qualität der visuellen und akustischen Elemente wie Bühnenbeleuchtung, Soundsysteme und Sichtbarkeit. Sie beeinflusst stark die Wahrnehmung durch das Publikum.

Prägend für jede Veranstaltung sind auch Erwartungen und Vorfreude. Allzu hohe Erwartungen können möglicherweise zu Enttäuschungen führen, sollten sie nicht erfüllt werden, während positive Überraschungen das Erlebnis sogar über die Erwartungen hinaus steigern können. Bereichernd ist für viele Menschen auch die Möglichkeit, eine Veranstaltung mit Familie oder Freunden zu erleben. Denn gemeinsame Erlebnisse schaffen oft bleibende Erinnerungen und betonen das Gefühl der Zugehörigkeit. Unvergesslich werden große Veranstaltungen aber auch durch die kollektive Erfahrung von emotionalen Reaktionen wie Freude, Aufregung und Rührung, die häufig in einer großen Menge besonders intensiv erlebt werden. Diese Emotionen werden durch die kollektive Erfahrung sogar noch verstärkt und können die Veranstaltung zu einem unvergesslichen Erlebnis machen.

Damit alles problemlos abläuft und diese positiven Erlebnisse auch ungestört eintreten können, sind ausreichende Sicherheitsmaßnahmen und der Komfort des Veranstaltungsortes unerlässliche und sogar ganz entscheidende Faktoren. Eine gute Organisation berücksichtigt die körperliche Bequemlichkeit der Teilnehmer. Dazu gehören auch Pausen, in denen ein Austausch stattfinden kann und eventuell kulinarische Genüsse auf dem Programm stehen. Denn ein Publikum, das sich körperlich nicht wohlfühlt, wird recht bald die Inhalte der Veranstaltung kaum mehr aufnehmen. Zu groß ist die Ablenkung durch zum Beispiel zu wenig Beinfreiheit, einen schlecht klimatisierten Saal oder eine unzureichende Akustik. Wer den Trainer weder richtig sieht noch verstehen kann, wird selbst an einem offenen und interaktiven Seminar nicht viel Freude verspüren. Für eine gelungene Veranstaltung ist es von besonderer Bedeutung, dass jeder einzelne Teilnehmer das Gefühl erhält, im Mittelpunkt der Aufmerksamkeit zu stehen. Das setzt gute Planung, freundliches Personal, eine persönliche Begrüßung, besten Service, eine ansprechende Atmosphäre und Stimmung sowie die Möglichkeit zum lockeren Beisammensein vor der Show, in der Pause und nach der Veranstaltung voraus. Wenn das Publikum sich wie zu Hause fühlt, willkommen und herzlich angenommen, ist die erste Hürde auf dem Weg zu einer erfolgreichen Veranstaltung schon genommen. Wenn dann auch noch die Inhalte stimmen, die von einem kompetenten Trainer eloquent, professionell und souverän vorgetragen werden, dürfte es sehr viele positive Rückmeldungen geben.

Eine abschließende Bemerkung: Natürlich ist – gute Organisation vorausgesetzt – jeder Teilnehmer auch selbst für seine Stimmung verantwortlich. Wer gerade einen schlechten Tag hat, wird mehr Kritikpunkte finden als ein bestens gelaunter Teilnehmer. Deshalb ein gut gemeinter Tipp an alle, die an großen Live-Events teilnehmen wollen: Machen Sie selbst das Beste aus Ihrem Abend, den Sie vielleicht sogar gemeinsam mit Freunden genießen möchten. Gute Laune überspielt manche Fehlplanung oder mäßige Atmosphäre mit Leichtigkeit und hilft damit auch anderen Teilnehmern, Freude zu empfinden. Sollten Sie dennoch unzufrieden sein, fragen Sie sich selbst: „Wie könnte ich es besser machen?" Möglicherweise ist das der Beginn Ihrer neuen Karriere.

**Was ist der Nutzen solcher Veranstaltungen?**

Offene Seminare und Live-Events entwickeln sich immer mehr zu wertvollen Instrumenten persönlicher und beruflicher Weiterentwicklung. Aber auch für die Veranstalter können solche Formate von enormem Vorteil sein. Sie können ihre Produkte und Dienstleistungen einem breiten Publikum unaufdringlich präsentieren und potenzielle Kunden direkt ansprechen. Dadurch bieten sich ihnen hervorragende Möglichkeiten zum Marketing und zur Leadgenerierung. Viele Live-Events und Seminare werden zudem aufgezeichnet und sind später on-demand abrufbar. Dies ermöglicht es einerseits den Teilnehmern, die Inhalte nochmals in ihrem eigenen Tempo zu wiederholen und zu vertiefen, gibt dem Veranstalter andererseits aber auch die Chance, für seine Live-Events und Seminare zu werben, ohne zusätzlichen Content produzieren zu müssen. Das ist von großem Nutzen und spart darüber hinaus Kosten. Überhaupt sind Live-Streaming-Events oft kostengünstiger als Präsenzveranstaltungen, da keine Reisekosten und Mieten für Veranstaltungsräume anfallen. Zudem sparen die Teilnehmer Zeit, weil sie sich von überall einloggen können. Viele Anbieter fahren deshalb inzwischen zweigleisig und offerieren ihren Kunden einen Mix aus Präsenz- und Online-Veranstaltung. Das erfordert zwar einen aufwendigen Einsatz an Technik, hat aber den Charme, dass weitaus mehr Menschen an einem Seminar teilnehmen können, als die Bestuhlung im Raum eigentlich zulassen würde. Eine Alternative für lernwillige Teilnehmer, die Reisen oder persönlichen Kontakt vermeiden möchten, sind interaktive Plattformen. Diese bieten Funktionen wie Live-Chats, Umfragen und Q&A-Sessions, die das Engagement der Teilnehmer deutlich fördern.

Weiterer Nutzen für Teilnehmer in Kurzfassung

1. **Exklusiver Zugang zu Experten**

   Teilnehmer erhalten oft die besondere Möglichkeit, direkt mit führenden Experten und Referenten zu interagieren. Dies kann in Form von speziellen Workshops oder Einzelgesprächen geschehen.

2. **Praktische Anwendungen**

   Viele Seminare bieten praktische Übungen und Fallstudien, die den Teilnehmern helfen, das Gelernte sofort anzuwenden. Dies fördert ein tiefes Verständnis sowie die Fähigkeit, das Wissen in der Praxis umzusetzen.

3. **Zugang zu exkl. Materialien und neuen Technologien**

   Bei vielen Veranstaltungen werden die neuesten Technologien und Innovationen vorgestellt. Teilnehmer können sie dabei aus erster Hand erleben und praktisch testen. Darüber hinaus erhalten sie oft Zugang zu exklusiven Materialien wie Präsentationen, Handouts, E-Books und Software-Tools, die sie auch nach dem Event weiter nutzen dürfen.

4. **Zertifikate und Anerkennung**

   Viele Seminare und Veranstaltungen geben Teilnahmebestätigungen und Zertifikate aus, die den beruflichen Lebenslauf aufwerten und als Nachweis für die erworbenen Kenntnisse dienen.

5. **Motivationsschub durch Gemeinschaftsgefühl**

   Die Teilnahme an großen Veranstaltungen kann ein überaus starkes Gemeinschaftsgefühl erzeugen. Das Wissen, Teil einer großen Gruppe zu sein, die ähnliche Interessen und Ziele verfolgt, kann auf den Einzelnen sehr motivierend wirken.

6. **Interkultureller Austausch**

    Internationale Veranstaltungen bieten die Möglichkeit, sich mit Menschen aus verschiedenen Kulturen auszutauschen. Dies fördert interkulturelles Verständnis und kann so zu neuen, globalen Perspektiven führen.

7. **Langfristige Unterstützung und Follow-up**

    Viele Veranstalter offerieren nach dem Event Follow-up-Support, um den langfristigen Lernerfolg zu sichern. Das können zusätzliche Materialien, Online-Communities oder weiterführende Kurse sein.

8. **Exklusive Angebote und Rabatte**

    Last but not least erhalten Teilnehmer häufig exklusive Angebote und Rabatte auf Produkte oder Dienstleistungen, die in direktem Zusammenhang zur besuchten Veranstaltung stehen oder dort vorgestellt wurden.

Mit offenen Seminaren oder großen Veranstaltungen sind also weitaus mehr nützliche Incentives verbunden als gemeinhin angenommen. Es lohnt auf jeden Fall, vor der Buchung beim Veranstalter nachzufragen, welche Leistungen mit dem ins Auge gefassten Live-Event konkret mit dem Ticket erwartet werden dürfen. Es wartet gewiss die eine oder andere positive Überraschung.

# 10
# Netzwerk und Kulminationspunkt für Unternehmer

Wie Hermann Scherer im vorherigen Kapitel ausführte, weitet sich der Markt für Coaches, Trainer, Berater und Speaker nicht nur aus, sondern er verzweigt sich auch zunehmend. Das eröffnet Chancen sowohl für Anbieter als auch für ihre Kunden. Gerade im B2B-Bereich haben ganz besonders kleine und mittelständische Unternehmen (KMU) einen enormen Bedarf – oder schärfer formuliert: Nachholbedarf – an Beratung, Mentoring und Austausch sowohl untereinander als auch mit Experten.

**Der Trainer als Coach und Mentor für seine Kunden**

Hier kommen erfahrene Trainer als Coaches ins Spiel, die entweder schon lange Unternehmen betreuen oder sogar selbst erfolgreiche Unternehmer sind. Denn wer könnte den Prozess des täglichen Geschäfts, der Produktentwicklung, Neuausrichtung und des Wachstums besser begleiten als erfahrene Experten, die in beiden Welten zu Hause sind – als Trainer, Coach und Unternehmer?

Das Problem für die meisten Unternehmer ist die Einsamkeit. Ihnen gehört zwar eine Firma mit zahlreichen Mitarbeitern, doch zwischen Angestellten und Selbständigen besteht eine riesengroße Kluft im Denken. Während Mitarbeiter nur zu ihren festen Arbeitszeiten Gas geben und sich einbringen, stehen Unternehmer an 365 Tagen im Jahr rund um die Uhr unter Strom. Sie verfolgen Visionen, Ziele und Pläne, die ihren Angestellten meist fremd sind. Welche Mitarbeiter wollen schon morgens um drei Uhr über neue Produktideen reden? Oder am Wochenende über Wachstumsstrategien grübeln? Die Möglichkeiten der Kommunikation zwischen Unternehmern und ihren Angestellten sind sehr limitiert. Meist beschränkt sie sich auf Anweisungen und Feedback – womit beide Seiten in der Regel sehr zufrieden sind. Doch dadurch fehlen dem Unternehmer Sparringspartner, die er meist auch nicht unter Freunden oder in der eigenen Familie findet. An diesem Punkt kommen spezialisierte Trainer als Coaches und Berater ins Spiel.

Sie schaffen eine Atmosphäre des Verständnisses, weil sie aus eigener Anschauung genau wissen, welche Phasen des Lebenszyklus die Kunden mit ihren Unternehmen durchmachen und welche Unterstützung sie dabei benötigen. An erster Stelle steht dabei der Austausch mit Gleichgesinnten. In der heutigen Geschäftswelt spielen Trainer, die gleichzeitig als Coaches und Mentoren fungieren, schon aus diesem Grund eine entscheidende Rolle. Hinzu kommt die große Bedeutung, die sie inzwischen bei der Entwicklung und Förderung von Talenten einnehmen. Ihnen fällt damit nicht nur die Aufgabe zu, ihre Kunden fachlich zu schulen, sondern auch persönlich zu unterstützen und vor allem zu inspirieren.

Zunächst ist ein Trainer in erster Linie zwar dafür verantwortlich, spezifische Fähigkeiten und Kenntnisse in Form von Workshops, Seminaren oder individuellen Schulungen zu vermitteln. Ein guter Trainer vermittelt nicht nur Fachwissen und praktische Fähigkeiten für den Berufsalltag, sondern erklärt auch komplexe Themen verständlich und motiviert seine Kunden, das Gelernte direkt anzuwenden.

Ein Trainer, der zugleich Coach für seine Kunden ist, vermittelt nicht nur Wissen, sondern tritt darüber hinaus als Prozessbegleiter auf. Mit gezielten Fragen regt er seinen Coachee dazu an, eigene Lösungen zu finden und seine Potenziale voll zu entfalten. In diesem Teil der Zusammenarbeit geht es vor allem um die Unterstützung bei der persönlichen und beruflichen Weiterentwicklung, darum, klare Ziele zu definieren sowie Strategien zu entwickeln, um diese zu erreichen.

Als Mentor hingegen übernimmt der Trainer zusätzlich eine beratende Rolle. Er teilt seine eigenen Erfahrungen und gibt Ratschläge, die meist auf seinem eigenen beruflichen Werdegang und Lebensweg basieren. Mentoring ist eine meist recht langfristige Beziehung. Der Unternehmer findet in seinem Mentor nicht nur einen Ratgeber, sondern oft auch ein gewisses Vorbild für die Gestaltung und Erreichung seiner geschäftlichen, manchmal aber auch seiner privaten Ziele. Zudem unterstützt der Mentor seinen Schützling auch dabei, sich in seiner Branche zu etablieren, das angestrebte Wachstum zu erreichen sowie sich ein Umfeld zu schaffen, indem jederzeit ein zielführender und offener Austausch unter Gleichgesinnten möglich ist.

Die Kombination der Rollen von Trainer, Coach und Mentor bietet zusätzliche Vorteile. Ein Trainer, der auch als Coach und Mentor agiert, kann seine Kunden ganzheitlich unterstützen. Er vermittelt nicht nur Wissen, sondern hilft auch dabei, dieses Wissen in die Praxis umzusetzen und persönliche Hürden zu überwinden. Durch seine Coaching-Methoden fördert er die Selbstreflexion und Eigenverantwortung seiner Kunden, während er als Mentor wertvolle Einblicke und Ratschläge aus seiner eigenen Erfahrung gibt.

Kunden profitieren auf vielfältige Weise von einem Trainer, der auch als Coach und Mentor für sie tätig ist. Da sie weit mehr als fachliche Schulungen erhalten und eben auch Unterstützung bei ihrer persönlichen und beruflichen Entwicklung erfahren, wird zugleich ihre Motivation und Zufriedenheit gestärkt. Durch das Wissen und die Erfahrungen ihres Mentors erreichen sie ihre Ziele meist schneller, effektiver und passgenauer.

Der umfassende Ansatz von Trainern, die gleichzeitig auch als Coaches und Mentoren tätig sind, ermöglicht eine tiefgreifende Unterstützung ihrer Kunden. Durch die Kombination dieser Rollen vermitteln sie nicht nur Wissen, sondern fördern vor allem das persönliche und berufliche Wachstum ihrer Klienten. Dies führt zu sehr nachhaltigen Ergebnissen sowie einer stärkeren und positiveren Bindung zwischen Trainer und Kunde. In einer sich ständig verändernden Geschäftswelt ist diese ganzheitliche Unterstützung von nahezu unschätzbarem Wert.

Eine sinnvolle Erweiterung dieses Ansatzes bietet Dirk Kreuter. Er bringt erfolgreiche mittelständische Unternehmer in seinem eigenen Netzwerk zusammen, um ihnen das Rüstzeug an die Hand zu geben, weiter zu wachsen und ihren Erfolg dauerhaft zu steigern. Dabei versteht er sich selbst als Trainer und Business-Mentor. Großen Wert legt er auf den internen Austausch der Unternehmer und sieht seine Aufgabe zu einem großen Teil darin, die richtigen Menschen zur genau richtigen Zeit am exakt richtigen Ort zusammenzubringen. Darüber hinaus besteht sein eigener inhaltlicher Beitrag oft nur darin, die richtigen Fragen zu stellen, um einen Impuls für das Fortkommen der Unternehmer zu geben. Oft genügt dieser Anstoß, damit Hürden überwunden und Ziele erreicht werden. Es sind die Motivation und der erweiterte Blickwinkel, die den entscheidenden Anstoß geben, weiterzudenken und Herausforderungen anzugehen. Natürlich kommt es auch zu Kooperationen oder Zusammenarbeit der Unternehmer in anderen Zusammenhängen.

## Das erfolgreiche Business-Netzwerk als Fortführung der Trainerarbeit

Durch die Nutzung ihrer bestehenden Fähigkeiten und Erfahrungen können Trainer starke und nachhaltige Netzwerke aufbauen, die ihren Kunden dabei helfen, ihre Karriere weiterzuentwickeln und ihre beruflichen Ziele zu erreichen. Um das volle Potenzial eines Netzwerks auszunutzen, bedarf es heute eines ausgeprägten strategischen Denkens, einer kontinuierlichen Pflege sowie der Nutzung moderner Technologien, um die vollen Möglichkeiten eines Netzwerks auszuschöpfen.

### 5 Schritte, um ein erfolgreiches Netzwerk aufzubauen

1. **Verständnis für die Grundlagen des Netzwerkens**

   Netzwerken reicht weit über das bloße Sammeln von Visitenkarten hinaus. Es geht darum, authentische und strategische Beziehungen aufzubauen, die auf gegenseitigem Vertrauen und Nutzen basieren.

2. **Nutzen bestehender Fähigkeiten**

   Die Fähigkeit, klar und effektiv zu kommunizieren, ist entscheidend für den Aufbau und die Pflege von Beziehungen. Dabei kann das Verständnis für die Bedürfnisse anderer helfen, starke und nachhaltige Verbindungen zu schaffen. Darüber hinaus kann es für den Aufbau von Kontakten äußerst nützlich sein, Ideen und Konzepte überzeugend zu präsentieren.

3. **Strategische Planung**

   Für den Aufbau eines erfolgreichen Netzwerks sollten wertvolle Schlüsselpersonen identifiziert und Ziele wie neue Geschäftsmöglichkeiten, Wissensaustausch und berufliche

Weiterentwicklung festgelegt werden, die mit dem Netzwerk zu erreichen sind. Zudem können notwendige Schritte festgelegt werden, um diese Ziele auch tatsächlich zu erreichen.

4. **Kontinuierliche Pflege der Beziehungen**

   Ein Netzwerk ist nur so stark wie die Pflege, die es erhält. Daher gilt für erfolgreiche Netzwerke: Kontakt zu Netzwerkpartnern durch regelmäßige Updates, Treffen und virtuelle Gespräche halten, gegenseitige Unterstützung bieten sowie Wertschätzung und Anerkennung zuteilwerden lassen.

5. **Nutzung digitaler Plattformen**

   In der heutigen vernetzten Welt spielen digitale Plattformen eine entscheidende Rolle im Networking. Dort lassen sich problemlos neue Kontakte knüpfen. Zudem ist es jederzeit problemlos möglich, Wissen zu teilen und so auf sich aufmerksam zu machen und die Sichtbarkeit durch regelmäßige Beiträge und Präsenz zu erhöhen.

Kunden, die mit Trainern zusammenarbeiten, die bereits über ein starkes Business-Netzwerk verfügen, profitieren davon in vielfältiger Weise. Sie haben zum Beispiel Zugang zu exklusiven Ressourcen und Informationen. Diese können aktuelle Branchentrends, innovative Techniken oder wertvolle Kontakte sein, die den Kunden dabei helfen, ihre eigenen Ziele weitaus schneller und effizienter zu erreichen. Durch die Verbindung mit dem Netzwerk ihres Trainers haben Kunden zudem die Möglichkeit, ihr eigenes Netzwerk zu erweitern. Dies kann im besten Fall zu neuen Geschäftsmöglichkeiten, Partnerschaften und Kooperationen führen, die sie ansonsten vielleicht nie entdeckt hätten. Ein breiteres Netzwerk erhöht auf jeden Fall die Reputation und die Sichtbarkeit des Kunden innerhalb seiner eigenen Branche.

Darüber hinaus bietet ein starkes Business-Netzwerk eine eigene Plattform für Unterstützung und Mentoring. Kunden können von den Erfahrungen und dem Wissen anderer Netzwerkmitglieder profitieren und wertvolle Ratschläge oder Hilfestellungen erhalten. Dies kann besonders wertvoll sein, wenn sie vor großen Herausforderungen stehen oder neue Projekte lancieren. Zudem steigert die Zugehörigkeit zu angesehenen Netzwerken sehr die eigene Glaubwürdigkeit und das Vertrauen eines Kunden. Wenn ein Kunde von einem gut vernetzten Trainer unterstützt wird, wird dies von außen unter Umständen als Zeichen für Qualität und Kompetenz wahrgenommen. Dies trägt möglicherweise dazu bei, das Vertrauen potenzieller Kunden oder Partner zu gewinnen sowie die eigene Position auf dem Markt zu stärken.

Ein weitreichendes Netzwerk eröffnet Kunden den Zugang zu neuen Märkten und Zielgruppen. Durch die Verbindungen ihres Trainers können sie Kontakte in verschiedene Branchen und Regionen knüpfen, die ihnen dabei helfen, ihre Reichweite deutlich zu steigern und neue geschäftliche Möglichkeiten zu erschließen. Darüber hinaus bietet ein Netzwerk immer auch eine Umgebung, in der Innovation und Kreativität umfassend gefördert werden. Durch den zwanglosen Austausch von Ideen und Best Practices können Kunden neue Ansätze und Lösungen entwickeln, die ihnen dabei helfen, wettbewerbsfähig zu bleiben und sich ständig weiterzuentwickeln. Der Input und die Perspektiven anderer Netzwerkmitglieder liefern mit großer Wahrscheinlichkeit wertvolle Impulse für die eigene Arbeit. Zumal ein starkes Netzwerk auch sehr wertvolle Ansätze für Problemlösungen liefern kann. Kunden greifen dafür auf das kollektive Wissen und die umfangreichen gemeinschaftlichen Erfahrungen der Netzwerkpartner zurück, um ihre eigenen Herausforderungen zu meistern. Dies kann den meist schwierigen Prozess einer Problemlösung entscheidend beschleunigen und zu weitaus besseren Ergebnissen führen.

Die Vorteile, die Kunden durch das Business-Netzwerk eines Trainers genießen, sind also sehr vielfältig und können einen erheblichen Einfluss auf ihren Erfolg nehmen. Von exklusiven Ressourcen über erweiterte Netzwerke bis zu Unterstützung, Glaubwürdigkeit und Innovationsförderung – ein starkes Netzwerk hilft Kunden dabei, ihre Ziele effektiver zu erreichen und ihre berufliche Entwicklung voranzutreiben. Durch die Nutzung der Verbindungen und des Wissens ihres Trainers können Kunden zudem ihre eigenen Netzwerke stärken und von den vielfältigen Möglichkeiten profitieren, die sich aus der fruchtbaren Zusammenarbeit mit ihrem Trainer ergeben.

**Beitrag der Vielen für den Erfolg der Einzelnen**

Der Erfolg eines Einzelnen ist nur selten das Ergebnis isolierter Anstrengungen. Vielmehr ist er oftmals das Produkt eines überaus komplexen Zusammenspiels von Unterstützung, Zusammenarbeit und kollektiven Fleiß. Mit anderen Worten: Meist führt nur der Beitrag vieler Menschen und unterschiedlichster Faktoren zum Erfolg des Einzelnen.

In vielen Bereichen – sei es im Beruf, im Sport oder in der Wissenschaft – ist Teamarbeit ein ganz entscheidender Faktor für den Erfolg. Denn ein starkes Team bietet vielfältige Perspektiven durch unterschiedliche Hintergründe und Erfahrungen seiner Mitglieder, was zu kreativen und umfassenden Lösungen führt. Zudem unterstützen und motivieren sich Teammitglieder insbesondere in herausfordernden Zeiten gegenseitig. Durch die Aufteilung der Aufgaben innerhalb eines Teams bringt jeder Einzelne perfekt seine Stärken ein, gleicht seine Schwächen durch die Beiträge der anderen Teammitglieder aus und steigert so mit seinen ausgeglichenen und wertvollen Beiträgen die Effizienz des gesamten Teams.

Wie schon oben geschildert, spielen selbstverständlich auch Coaching und Mentoring eine wichtige, wenn nicht sogar entscheidende Rolle bei dem Erfolg und der Entwicklung des Einzelnen. Entscheidend dafür sind Wissen und Erfahrung des Mentors, durch die Mentees Fehler vermeiden und weitaus schneller zu Fortschritten kommen. Darüber hinaus gibt ein Mentor jederzeit konstruktive Rückmeldungen und steigert durch gezielte Anleitungen Fähigkeiten und Selbstvertrauen des Einzelnen. Auch das starke Netzwerk eines Mentors hat – wie bereits ausführlich geschildert – erheblichen Einfluss auf den Erfolg eines Einzelnen.

Ein weiterer wichtiger Faktor für den Erfolg des Einzelnen durch die Unterstützung vieler ist der Bereich Bildung und Weiterbildung. Durch formale und informelle Bildung können Einzelne Fachwissen und Fähigkeiten erwerben, die ihnen nicht nur in einem speziellen Bereich, sondern durch umfassende Allgemeinbildung auch im gesamten Leben zum Erfolg verhelfen. Zusätzlich fördert Bildung auch kritisches Denken und die Expertise, um komplexe Probleme zu lösen. Durch lebenslanges Lernen passt sich der Einzelne mit dem Wissen Vieler an die sich ständig verändernden Anforderungen und Technologien an und schafft es auf diese Weise, nicht nur Schritt zu halten, sondern den gesellschaftlichen, wirtschaftlichen und technologischen Wandel aktiv mitzugestalten.

Die Unterstützung durch Familie und Freunde ist darüber hinaus ein zwar oft unsichtbarer, aber wesentlicher Faktor für den Erfolg des Einzelnen. Denn nur dort erhält er den emotionalen Rückhalt und die notwendige Ermutigung, die vor allem in schwierigen Zeiten entscheidend für das Durchhaltevermögen sind, um langfristig auch in einem herausfordernden Umfeld erfolgreich zu sein. Außerdem leisten Freunde und Familie oft ganz praktische Hilfestellungen – sei es bei der Kinderbetreuung, finanzielle Unterstützung oder einfach nur Zuhören und Verstehen.

Oft vernachlässigt, aber nichtsdestoweniger wichtig für die positive Entwicklung des Einzelnen sind gesellschaftliche und kulturelle Faktoren. Denn allein schon kulturelle Werte wie Fleiß, Ehrgeiz und Zusammenarbeit können Erfolg fördern. Hinzu kommt der Zugang zu hochwertiger Bildung und Gesundheitsversorgung, der fast allein schon eine solide und vor allem äußerst notwendige Grundlage für den Erfolg legt. Ergänzt werden diese entscheidenden Faktoren um soziale Unterstützungssysteme. Darunter werden unter anderem Stipendien, Mentoring-Programme sowie berufliche Netzwerke aufgelistet, die einen wesentlichen Einfluss auf die Entwicklung Einzelner nehmen.

Nur indem die Bedeutung des komplexen Zusammenspiels zahlreicher sozialer und gesellschaftlicher Komponenten wie Teamarbeit, Mentoring, Netzwerke, Bildung, familiäre Unterstützung sowie politische und wirtschaftliche Rahmenbedingungen anerkannt und gefördert wird, lassen sich die Chancen auf Erfolg für jeden Einzelnen erhöhen und dauerhaft eine unterstützende und förderliche Umgebung schaffen.

**Die Weiterentwicklung des Netzwerk-Gedankens**

Wenn schon die Kunden von Coaches, Beratern, Trainern und Speakern von den Netzwerken der Anbieter profitieren, warum dann den Gedanken nicht weiterführen und ein eigenes Business-Netzwerk gründen? Diese Überlegung leitete Dirk Kreuter zu seiner *Jetstream-Membership*, einem Netzwerk mittelständischer Unternehmer, die sich persönlich weiterentwickeln und mit ihrem Unternehmen weiterwachsen wollen. Dirk Kreuter bietet ihnen ein exquisites Umfeld, damit sie jenseits des geschäftlichen Alltags lernen und neue Ideen entwickeln können. Dafür gibt es viermal im Jahr neue Impulse bei persönlichen Netzwerktreffen in Dubai. Hochkarätigen Referenten aus Politik, Wirtschaft und Sport geben den Teilnehmern Einblicke in ihr Denken und ihre persönlichen Erfolgsgeschichten. Außerhalb der gewohnten Abläufe tauschen sich die Mitglieder auch untereinander aus und kommen zum Teil über unerwartete Themen ins Gespräch. Dabei stellen sie oft fest: „Ich stecke an einem Punkt fest, an dem andere schon waren und mir mit ihrer Erfahrung und guten Tipps sinnvoll weiterhelfen können." Der Ansatz der *Jetstream-Membership*, die „Einsamkeit des Unternehmers" in geschäftlichen Belangen aufzubrechen und Synergien herzustellen, die sich zuvor keiner vorstellen konnte, bewährt sich.

Viele Teilnehmer profitieren neben dem Input von Dirk Kreuter selbst und den exzellenten Referenten vor allem von den Kontakten zu anderen Unternehmern. Denn die Mitglieder sprechen dieselbe Sprache, sie verstehen die Herausforderungen, mit denen die anderen gerade umzugehen haben und vermitteln sich gegenseitig das Gefühl, nicht allein damit zu stehen. Vor allem dieser Punkt darf nicht unterschätzt werden, da im täglichen Geschäftsleben gerade dieser kompetente zwischenmenschliche Austausch oft zu kurz kommt. Dirk Kreuter bietet deshalb mit seiner *Jetstream-Membership* eine große Unterstützung sowohl im unternehmerischen als auch sozialen Bereich. Die Teilnehmer erhalten neben profundem Wissen vor allem auch Zugang zu der Welt des Unternehmertums, wie sie ihn bisher weder kannten noch gefunden haben. Es kommen nicht nur Gleichgesinnte zusammen, sondern sie agieren auch abseits jedes persönlichen oder unternehmerischen Wettbewerbs und finden so zu gemeinsamen Lösungen für aktuelle Herausforderungen, die dem Einzelnen vermutlich überhaupt nicht oder nur mit vergleichsweise sehr viel größerem Aufwand eingefallen wären. Aus dem Unternehmer als Einzelkämpfer wird im *Jetstream*-Netzwerk das Unternehmertum als gesellschaftliches Phänomen, das zusammenarbeitet, um Unternehmen und Wirtschaft gleichermaßen voranzubringen.

## Weitere innovative Ansätze von Trainern und Kunden

Die Zusammenarbeit zwischen Business-Trainern und ihren Kunden hat sich in den vergangenen Jahren durch technologische Fortschritte sowie neue methodische erheblich erweitert und verändert. Zahlreiche Innovationen tragen dazu bei, Trainingsprozesse effizienter, personalisierter und interaktiver zu gestalten. Im Folgenden werden zusammenfassend einige neue Denkansätze und innovative Formen der effektiven Beziehung zwischen Trainer und Kunde ohne Anspruch auf Vollständigkeit vorgestellt.

### Denkansätze

1. **Design Thinking**

   Dabei handelt es sich um eine kreative Problemlösungsmethode, die sich voll auf die Bedürfnisse der Kunden konzentriert. Business-Trainer nutzen sie, um maßgeschneiderte Lösungen zu entwickeln, die den individuellen Herausforderungen ihrer Kunden gerecht werden. Durch Workshops und interaktive Sessions können Trainer und Kunden sogar gemeinsam innovative Ideen entwickeln und umsetzen.

2. **Agile Methoden**

   Die Wurzeln von *Scrum* und *Kanban* liegen in der Softwareentwicklung. Sie finden aber zunehmend Anwendung im Business-Coaching. Diese Methoden fördern eine flexible und iterative Herangehensweise an Projekte, bei der regelmäßige Feedback-Schleifen und Anpassungen im Vordergrund stehen. Trainer und Kunden arbeiten in kurzen Sprints zusammen, um kontinuierlich Verbesserungen zu erzielen und schnell auf Veränderungen zu reagieren.

3. **Virtuelles Coaching und Online-Plattformen**

Die Vor- und Nachteile kamen bereits in einem früheren Kapitel zur Sprache, doch soll an dieser Stelle nicht unerwähnt bleiben, dass verschiedene Online-Plattformen Tools zur Fortschrittsverfolgung, interaktive Übungen sowie Ressourcenbibliotheken anbieten, die das Coaching-Erlebnis bereichern.

4. **Gamification**

Hierbei werden spielerische Elemente in den Trainingsprozess integriert, um die Motivation und das Engagement der Kunden zu steigern. Durch das Setzen von Zielen, das Sammeln von Punkten sowie das Erreichen von verschiedenen Levels werden Kunden spielerisch dazu animiert, kontinuierlich an ihren Zielen zu arbeiten. Dies fördert zudem die langfristige Bindung an den Coaching-Prozess.

5. **Personalisierte Trainingspläne**

Ein individueller Ansatz ist entscheidend für den Erfolg des Trainings im Businessbereich. Trainer nutzen daher moderne Softwarelösungen, um detaillierte und passgenaue Pläne zu erstellen, die auf den spezifischen Bedürfnissen und Zielen des Kunden basieren. Sie berücksichtigen Faktoren wie den beruflichen Hintergrund, aktuelle Herausforderungen sowie langfristige Unternehmensziele.

6. **Wearable Technologie und Datenanalyse**

Diese fortschrittlichen Tools ermöglichen es Trainern, Echtzeit-Daten zu sammeln und zu analysieren, die wertvolle Einblicke in das Verhalten und die Leistung der Kunden aufzeichnen. Dadurch können Trainer ihre Strategien besser anpassen und optimieren. Kunden erhalten zudem sofortige Rückmeldungen, was die Selbstreflexion und das Bewusstsein für eigene Fortschritte fördert.

7. **Regelmäßige Retrospektiven**

   Ein weiterer wichtiger Aspekt in der Zusammenarbeit zwischen Trainer und Kunden ist die regelmäßige Überprüfung und Anpassung des Coaching-Plans. Bei Feedback-Sessions werden gemeinsam Fortschritte analysiert und notwendige Anpassungen vorgenommen. Dies fördert eine offene Kommunikation und stellt sicher, dass der Coaching-Prozess stets den aktuellen Bedürfnissen des Kunden entspricht.

8. **Hybrid-Modelle**

   Viele Business-Trainer setzen inzwischen auf Hybrid-Modelle, die sowohl persönliche als auch virtuelle Coaching-Blöcke umfassen. Diese Flexibilität ermöglicht es Kunden, je nach Bedarf und Verfügbarkeit zwischen verschiedenen Coachingformaten zu wählen. Hybrid-Modelle bieten zudem den großen Vorteil, dass Kunden auch bei Reisen oder einen vollen Terminkalender weiterhin regelmäßig betreut werden.

9. **Community-Building**

   Der Aufbau und die Pflege einer leistungsfähigen Community ist ein weiterer innovativer Ansatz, der die Zusammenarbeit zwischen Business-Trainern und ihren Kunden stärkt. Durch die Schaffung von Online-Communities oder regelmäßige Gruppenevents können Kunden sich gegenseitig motivieren und unterstützen. Dies fördert ein Gefühl der Zugehörigkeit und multipliziert die Wirkung des Trainings.

Die Branche der Trainer, Coaches, Berater und Speaker ist ständig in Bewegung. Alle vorgestellten Methoden zeigen, wie besonders Technologie die Zusammenarbeit zwischen Business-Trainern und ihren Kunden verändert und vorantreibt. Innovative Vorgehensweisen tragen dazu bei, dass Kunden ihre beruflichen Ziele noch effektiver und vor allem motivierter erreichen können. Auffällig ist dabei der oft spielerische Ansatz der Zusammenarbeit zwischen dem Trainer und seinen Kunden. Mittlerweile hat sich herumgesprochen, dass Spielen eine hervorragende Methode zum Lernen und Verinnerlichen ist. Deshalb steht es bei vielen modernen Varianten des Trainings, Coachings und der Beratung derzeit hoch im Kurs.

# 11
## Das Beispiel Dirk Kreuter

Es gibt einen Punkt in der Entwicklung jeder Organisation oder auch Branche, an dem es nicht mehr weiterzugehen scheint, eine Art Endpunkt. Alles ist vermeintlich gesagt und getan. Doch dann kommt jemand und dreht das Rad einfach weiter, macht Dinge, auf die noch niemand gekommen ist oder die zumindest bis dahin keiner angepackt hat. So einer ist Dirk Kreuter in der Branche der Trainer, Coaches, Berater und Speaker. Er denkt weiter, geht die Zusatzmeile und erschafft neue Angebote für Menschen, die er als Trainer, Berater und Mentor unterstützt.

Seine Fähigkeit, den Markt zu entwickeln, kommt nicht von ungefähr. Dirk Kreuter blickt auf eine langjährige Karriere in der Branche zurück. Wie so viele startete er als Trainer, führte Produktschulungen und Verhaltenstrainings durch. Davon fasziniert und von den guten Rückmeldungen seiner Teilnehmer getragen, qualifizierte er sich fortlaufend weiter, wurde zum Experten unter anderem auch in Personal- und Organisationsfragen. „Ich bin ein Trainer, der sowohl Inhouse Veranstaltungen als auch offene Seminare durchgeführt hat", erinnert er sich an seine Anfänge. „Mit eigener Organisation." Die nächste Stufe stellte seine Arbeit als Trainer und Coach dar. Dirk Kreuter beriet Führungskräfte und coachte Telefonverkäufer. „Teilweise mit Training on the Job." Diese Kombination gebe es nicht oft. Weiter ging es für ihn von da aus auf die große Bühne. Er wurde zu einem Speaker, der – wie schon während seiner Anfänge im Seminarraum – Teilnehmer begeisterte. Das sprach sich herum und der Erfolg wuchs. Der Name Dirk Kreuter zog Publikum an. Allein für die „Vertriebsoffensive", sein bekanntestes Seminar, meldeten sich in manchen Jahren bis zu 40.000 Teilnehmer an. In Dortmund füllte Dirk Kreuter die Westfalen Halle mit 7.300 Teilnehmern.

Wie ist dieser außerordentliche Erfolg zu erklären, auf welche Weise schaffte es Dirk Kreuter, zu einem echten Phänomen in der Branche der Trainer, Coaches, Berater und Speaker zu werden? „Ich bin derjenige, der Verkaufen als große Überschrift setzt", sagt er selbst. „Mir ist es gelungen, dieses wichtige Thema in Deutschland, Österreich und der Schweiz nach vorne zu bringen." Dabei habe er sich stets an einen für ihn sehr bedeutenden ethischen Grundsatz gehalten. „Verrate nie deine Zielgruppe." Aus diesem Grund weigerte er sich von Anfang an, thematisch zweigleisig zu fahren und zum Beispiel auch Einkäufer zu schulen. „Weil es mir moralisch bedenklich erscheint."

**Das erste digitale Großevent in Deutschland**

Die klare Abgrenzung seines Angebots schärfte über die Jahre das Profil von Dirk Kreuter. Die Menschen, die Unterstützung bei ihm suchten, wussten genau, wofür er stand. Das schafft bis heute Vertrauen und bildet zudem ein unverwechselbares Image heraus. Doch das ist nur ein bedeutender Baustein des Erfolgs von Dirk Kreuter. Damit allein erschließt sich das Kreuter-Phänomen nicht. Was zahlt darüber hinaus auf die Marke Dirk Kreuter ein?

„Wer dich nicht kennt, kann nichts von dir kaufen", ist einer der einprägsamen Leitsätze Dirk Kreuters. Auf seinen Veranstaltungen und auch für ihn selbst dreht sich alles um Sichtbarkeit. Eine Sichtbarkeit, die neugierig macht. „Ich vertraue der Bikini-Strategie", sagt er. „Frauen zeigen am Strand neunzig Prozent ihres Körpers – und was stellen Männer alles an, um auch noch die letzten zehn Prozent zu sehen. Es ist der Wahnsinn!" Entsprechend verschenkt auch Dirk Kreuter einen Großteil seines Wissens. Nach eigenen Angaben gibt es bei ihm bis zu achtzig Prozent seiner umfangreichen Inhalte gratis. „Für die restlichen zwanzig Prozent sind die Kunden bereit, ihr Geld auszugeben."

Diese einschneidende Erkenntnis war auch für Dirk Kreuter ein Lernprozess. Denn zunächst klingt ein Geschäftsmodell, bei dem ein Unternehmer fast alle Produkte verschenkt, nicht nur äußerst unlogisch, sondern nach Wahnsinn. Doch auch das macht Dirk Kreuter aus: Seine unglaubliche Neugier, neue Prozesse im Marktgeschehen zu erkunden, zu verstehen und anzuwenden. Aus diesem Grund war er der erste in der Branche der Berater, Coaches, Trainer und Speaker, der wirklich digital gegangen ist. Da schien ein großer Markt auf ihn zu warten und – noch wichtiger – vor allem sein Publikum. Bereits seit 2005 bietet Dirk Kreuter deshalb digitale Produkte wie DVDs und Hörbücher an. Es folgten Onlinekurse mit teilweise mehr als tausend Videos. „Niemand sonst hat das", betont Dirk Kreuter. Als im Jahr 2020 Tony Robbins das weltweit erste digitale Großevent startete, war auch Dirk Kreuter schon in den Startlöchern und folgte dem US-Amerikaner wenig später mit dem ersten deutschen digitalen Großevent in der Branche. Oder um es dramatischer auszudrücken: Als weltweit zweiter, der das digitale Experiment in großem Stil wagte. „Die *Telekom* stellte dafür eigens einen Mitarbeiter ab, der unser Team technisch betreute, ebenso wie das Unternehmen *Zoom*", erinnert sich Dirk Kreuter. „Wir bauten das erste digitale Studio außerhalb der Vereinigten Staaten auf." Es wurde ein riesengroßer Erfolg und demonstrierte eindrucksvoll die Macht der digitalen Medien für die Reichweite sowie die Sichtbarkeit der Branche.

„Zu unserem ersten digitalen Event schalteten sich bereits einige tausend Teilnehmer zu." Eine eindrucksvolle Zahl für ein Format, das zu der Zeit in Deutschland noch wenig bekannt war. Überhaupt ist gerade das deutsche Publikum äußerst kritisch, was große Veranstaltungen, aber eben auch technische Neuerungen in diesem Bereich betrifft. „Deshalb hat uns der gewaltige Zuspruch anfänglich selbst am meisten überrascht", gesteht Dirk Kreuter freimütig ein. Er fühlte sich dadurch unglaublich motiviert und entdeckte für sich nun endgültig die Kraft und Macht der Online-Revolution.

Früher erreichten Coaches, Berater und Speaker Aufmerksamkeit vor allem über Bücher. Auch Dirk Kreuter kann eine beeindruckende Liste an Veröffentlichungen von mehr als hundert Büchern, Hörbüchern und Onlinekursen vorweisen.

### Eine Auswahl

1. „Der Messetrainer" (2002)
2. „Auftragspipeline Internet" (2005)
3. „Umsatz extrem: Verkaufen im Grenzbereich. 10 radikale Prinzipien" (2013)
4. „Entscheidung: Erfolg" (2016)
5. „Was ich meinem 18-jährigen Ich raten würde" (2017)
6. „Unfaire digitale Dominanz" (2018)
7. „Sack zu! Abschlusssicher verkaufen!" (2019)
8. „Attacke! Mein Weg zum Erfolg" (2023)
9. „Entscheidung: Umfeld" (2024)

Besonders bekannt sind seine Werke im Bereich Vertrieb und Verkauf. Dazu gehören unter anderem „Akquise-Impulse: Motivieren - überzeugen - verkaufen" (2018) sowie „Umsatz extrem: Verkaufen im Grenzbereich" (2013). Mit seiner Autobiografie „Attacke! Mein Weg zum Erfolg" (2023) schaffte es Dirk Kreuter sogar auf die Spiegel-Bestsellerliste.

## Auf die Zielgruppe abgestimmte Inhalte

Doch obwohl Bücher noch immer eine Säule für sein Marketing sind, ist Dirk Kreuter längst einen Schritt weiter. „Heutzutage kann jeder ohne Mühen und Aufwand Reichweite bekommen", fasst er seine Erfahrung über bereits mehrere Jahre mit den relativ neuen digitalen Möglichkeiten zusammen. Für ihn heißt das neue Zauberwort für Sichtbarkeit „Soziale Medien". Dort verbreitet er sowohl Werbung als auch Lerninhalte zunehmend erfolgreich. „Versteht man die Systematik und Methode dahinter, lässt sich der Erfolg praktisch nicht mehr verhindern", lächelt er über diese Erkenntnis, die auch bei ihm erst allmählich reifte, wie er freimütig bekennt. „Auch ich lerne ständig hinzu. Was ich meinen Kunden biete, ist selbst erprobt und manchmal sehr schwer erarbeitet." Heute weiß Dirk Kreuter: „Jeder Kanal hat seine eigene Funktion. *Facebook* spricht eher Menschen ab vierzig an, *TikTok* zu siebzig Prozent jüngere und auf *Instagram* tummeln sich fast alle." So einfach, wie es sich anhört, ist es dann aber bei näherem Hinsehen doch nicht. „Alle Kanäle werden von mir mit genauen, auf die jeweilige Zielgruppe abgestimmten, Schwerpunkten angesprochen." Wer die Kanäle der sozialen Medien pauschal nutze und sich keine Gedanken über passgenaue Inhalte mache, werde damit keinen Erfolg haben. Es bedarf der Mühe und eines empathischen Gefühls für die jeweiligen Nutzer, um eine individuelle Ansprache zu formulieren, die von den Gruppen goutiert wird. Vonnöten ist dazu Marktkenntnis, eine große Erfahrung im Umgang mit den sozialen Medien sowie vor allem Wissen über die eigenen Zielgruppen, deren Denken, Wünsche und – besonders wichtig – auch deren spezifische Sprache.

Auf die Zielgruppe abgestimmte Inhalte sind alles – von einfachen Posts über Fotografien bis zum Bewegtbild. Die Nutzer verlangen unterhaltsamen Content. „Doch nur wenn dieser Content auch Substanz hat, bildet sich Vertrauen", weiß Dirk Kreuter. Alles bei ihm dient seinem Image und seiner Personenmarke. Deshalb setzt er auch im Internet auf „Weiterbildung pur". Denn nach seiner Beobachtung schauen sich selbst gewiefte Handwerker mittlerweile ein Tutorial auf *YouTube* an, bevor sie bei ihren Kunden einen Wasserschaden beheben. Die Kehrseite der Medaille: Es werden weniger Bücher gelesen. Deshalb konzentriert sich Dirk Kreuter auch hauptsächlich auf seine Präsenz in den sozialen Medien. Sein Social Media Team, das die Aktivitäten zum Vertrauensaufbau zu Kunden organisiert, umfasst zwischen zehn und zwölf Mitarbeiter. Auch bezahlte Werbung gehört zur Strategie des Trainers, seine Botschaften und vor allem seine Person verstärkt in die Sichtbarkeit zu bringen. Doch vor allem Content. Bei *YouTube* finden sich rund 1.200 Videos von Dirk Kreuter. Hochgeladen wurden nach eigenen Angaben bisher mehr als 3.000. Darüber hinaus sind von ihm über tausend Podcast-Folgen im World Wide Web abrufbar. Seine Online-Präsenz wächst täglich. Auch diese Aktivitäten zahlen direkt auf das Kreuter-Phänomen ein.

„Ideal ist individueller Content für jede Zielgruppe", betont Dirk Kreuter, der sich sehr intensiv mit den Mechanismen des Internets auseinandersetzt. „Dabei lässt sich mancher Inhalt zweitverwerten. So wird zum Beispiel aus der Tonspur eines Videos zusätzlich ein Podcast oder das Skript für eine Veranstaltung wird zu einem Post umgeschrieben." Wichtig sei nur zu wissen, welche Inhalte auf welchem Kanal bestmöglich welche Zielgruppe erreichen.

Die Gewichtung sozialer Kanäle

1. **Podcast**

   Der Trendbuilding Nummer 1 Kanal für Dirk Kreuter. Er richtet sich vor allem an Unternehmer und Selbstständige, die großen Wert auf kontinuierliche Weiterbildung legen.

2. **YouTube**

   Es handelt sich vor allem um ein äußerst effektives Werkzeug, um die Auffindbarkeit bei Google zu verbessern.

3. **LinkedIn**

   Die Plattform steigert die Sichtbarkeit auf dem Arbeitsmarkt. Allerdings wird sie überwiegend von Angestellten genutzt, während Entscheider weniger aktiv vertreten sind.

4. **Instagram**

   Hier erreicht Dirk Kreuter ein breitgestreutes Publikum mit Bildern und Videos. Die mobile Plattform gehört mit über einer Milliarde aktiven Nutzern zu den beliebtesten sozialen Netzwerken weltweit.

5. **Facebook, TikTok & Co.**

   Dirk Kreuter glaubt, es ist sinnvoll, überall ein bisschen sichtbar zu sein, ohne dort allzu viel Arbeit in Content zu investieren, sondern dafür gezielt bestehende Inhalte wiederzuverwenden.

Auf all diesen Kanälen verschenkt Dirk Kreuter Wissen und Kompetenz. Warum erzielt er dennoch einen Millionen Umsatz? „Es ist zwar alles im Internet zu finden", meint der Erfolgstrainer, „aber den Menschen fehlt eine Landkarte. Sie kaufen bezahlte Programme, weil sie keine Lust haben, sich alle Facetten meiner Arbeit selbst zusammenzusuchen. Bildhaft ausgedrückt: Für die richtige Zahlenkombination sind meine Kunden bereit, viel Geld auszugeben." Zwar sind die Inhalte schon per se wertvoll, doch gezahlt wird vor allem für Orientierung, Struktur und persönliche Betreuung. Dabei stellen Seminare nur eine von vielen Arten dar, zu lernen. „Ich muss nicht aus jedem Inhalt ein Seminar machen", meint Dirk Kreuter, der immer wieder beobachtet, dass Kennen und Können zwei sehr verschiedene Sachen sind. „Die meisten Menschen verändern ihr Leben nur aufgrund von Referenzerlebnissen."

**Ein Beispiel**

Ein Unternehmer hat einen wichtigen Termin mit einem potentiellen Kunden und muss dafür von Frankfurt nach München reisen. Da er noch im Büro alles Mögliche erledigen muss, ist er spät dran und hetzt zum Bahnhof. Das Taxi steht minutenlang im Stau, es geht einfach nicht voran. Schließlich erreicht unser Unternehmer erst zwei Minuten vor Abfahrt des Zuges den Bahnhof. Er hetzt zum Gleis, ist vollkommen außer Atem, der Schweiß steht ihm auf der Stirn und er bemerkt, wie sein Hemd allmählich feucht wird. Außerdem hält er das Tempo nicht durch. Seine Beine schmerzen und die Knie beginnen zu zittern. Er muss langsamer gehen. Nachdem er nach langem körperlichen Leid das Gleis erreicht, sieht er nur noch die Rücklichter seines Zuges, der pünktlich abgefahren ist. Verärgert setzt er sich schnaufend auf eine Bank, wischt sich den Schweiß mit einem Taschentuch aus seinem Gesicht, denkt an den vermutlich verlorenen Auftrag und schwört sich, dass ihm das nie wieder passieren wird.

Sein Referenzerlebnis wird den Unternehmer wahrscheinlich dazu bringen, sein Leben zu verändern. Er kann seine Terminplanung optimieren oder mit Sport beginnen, um beim nächsten Mal den Zug durch verbesserte Fitness doch noch zu erreichen. „Solche Szenarien lassen sich nur in Seminaren zum Beispiel durch Rollenspiele erlebbar gestalten", sagt Dirk Kreuter. „Die Teilnehmer verstehen dadurch unter anderem die Reaktionen ihrer Kunden oder Mitarbeiter auf ihr eigenes Verhalten." Lernen durch geschaffene Erlebnisse in einem geschützten Raum – etwas, das soziale Medien nicht leisten können. „Dafür braucht es den persönlichen Kontakt. Unbedingt", betont Dirk Kreuter. „Manchmal genügt es schon, andere in solchen Szenarien zu beobachten." Denn Menschen seien sehr gut darin, auf andere zu zeigen. „Allerdings zeigen in Seminaren mindestens drei Finger auf dich zurück." So entstehe Erkenntnis. „Dafür brauchen wir Coaching, Mentoring und Seminare, denn Verhaltensveränderungen passieren nur auf persönlicher Ebene."

Dirk Kreuter lebt, arbeitet und lehrt nach einem einfachen Glaubenssatz: „Umsatz ist das Feedback des Marktes." Dieses Credo begleitet ihn bereits sein gesamtes Berufsleben. Jeder sollte sich demnach immer wieder fragen: Sind Kunden bereit, für mein Wissen und für meine Leistung Geld zu bezahlen? Mit einem Blick auf die enormen Möglichkeiten der sozialen Medien schmunzelt Dirk Kreuter: „Mit Sichtbarkeit allein ist kein Geld zu verdienen." Manche Trainer, Berater, Coaches oder Speaker hätten eine höhere Sichtbarkeit als er selbst. „Aber ich mache mehr Umsatz."

## Rekord in der Dortmunder Westfalenhalle

Nur weil Inhalte konsumiert werden, verdient ein Unternehmen noch lange nichts. Beispielsweise konsumiert die Zielgruppe der Jugendlichen online besonders viel Content, kauft aber sehr wenig ein, weil Geld knapp ist. Es geht also vor allem darum, das Feedback der Kunden letztlich zu monetarisieren. „Darin bin ich definitiv führend", meint Dirk Kreuter. „Ich gebe mehr Geld für Online-Werbung aus als alle anderen." Aus seiner Sicht lassen sich im Internet nur zwei große Fehler machen, die es unbedingt zu vermeiden gilt.

**Vermeide diese beiden Fehler**

1. **Eine Rolle spielen**

   Man zeigt nicht, wer man ist, sondern nur, wer man glaubt zu sein, sein möchte oder meint, von den Nutzern so gesehen werden zu wollen. „Weder bei einem Onlinekurs noch bei *YouTube* oder im Podcast, in einem Seminar oder Training darf da eine Lücke klaffen zwischen dem, was ich sage und dem, was ich öffentlich vorlebe", betont Dirk Kreuter.

2. **Schwierige Themen in den sozialen Medien**

   Unter anderem Politik, Religion und Pandemie sollten nicht erwähnt werden. Damit grenzt man manche Menschen aus und spricht oft allzu laut die Falschen an.

Dirk Kreuter wuchs nach und nach in seine Rolle als Trainer, Redner und Mentor hinein. „Begonnen habe ich mit einem Geschäftsmodell für Firmen", erinnert er sich. Er führte Einzelcoachings durch und hielt auf Anfrage Vorträge. Zuerst kamen nur vereinzelte Teilnehmer, irgendwann zweihundert, dann fünfhundert, siebenhundert, 2014 waren es erstmals über tausend Teilnehmer, irgendwann saßen 2.200 Menschen im Raum. Da war Dirk Kreuter bereits mehr als zwanzig Jahre im Business. Rückblickend sagt er: „Das ergab sich einfach. Damals war dieses Segment überhaupt nicht mein Ziel, schon gar nicht ein solch exorbitantes Wachstum." Doch wie Hermann Scherer einmal sagte: „Bühne schafft Bühne." Dank seines Wissens und seiner Kompetenz verbreitete sich Dirk Kreuters Ruf, und im Juni 2018 füllte er die Dortmunder Westfalenhalle mit 7.300 Teilnehmern an zwei Tagen – ein Erfolg, der ihm einen Eintrag ins Guinnessbuch der Rekorde als größtes Verkaufstraining weltweit einbrachte. Was die wenigsten wissen: Insgesamt lagen für dieses Ereignis 22.300 Anmeldungen vor. Mehr als rekordverdächtig! „Die offenen Seminare sind für mich seit 2009 die absolute Königsdisziplin", sagt Dirk Kreuter. Dabei sind Vorträge für ihn vor allem auch eine lohnende Plattform zur Kundenakquisition. Wer ihn einmal auf der Bühne erlebt und die unglaubliche Energie gespürt hat, mit der er sein profundes Wissen seinem Publikum vermittelt, möchte mehr Unterstützung von diesem Mann bekommen.

Auf diesem Wunsch baut Dirk Kreuter seine Firmengruppe auf. Im Jahr 2023 arbeiteten in der Spitze 178 Mitarbeiter nicht nur für seine Sichtbarkeit und starke Präsenz auf allen Kanälen, sondern auch an seinem wirtschaftlichen Wachstum. „Niemand sonst in meinem Business hat eine so große Organisation aufgebaut", betont Kreuter. Inzwischen bedient sein Unternehmen die komplette Wertschöpfungskette. Mit Partnern gründete er beispielsweise ein Softwareunternehmen, das Daten und Kennzahlen für mittelständische Firmen generiert und auswertet sowie einen sogenannten Unternehmerbaukasten, der auf besonders einfach nutzbare Weise kompetente Unterstützung bei Aufbau und Führung eines Betriebes bietet. Aktiv ist Dirk Kreuter darüber hinaus in den Bereichen Public Relations und Virtuelle Realität. „Ich gehe in meiner Branche in eine Tiefe, wie es zuvor noch niemand getan hat und schaffe damit ein umfassendes Angebot für Unternehmen vom Training über betriebliche Unterstützung bis zum Coaching und Mentoring für Unternehmer", erklärt Dirk Kreuter. Damit revolutioniert er die Branche der Trainer, Berater, Coaches und Speaker nicht nur einfach – er erschafft einen vollkommen neuen Markt, wie es ihn bisher noch nicht gab. Vermutlich ist das der wichtigste Baustein des Kreuter-Phänomens: Die Entwicklung des Erfolgstrainers zu einem nicht minder erfolgreichen Unternehmer. Sie bringt Dirk Kreuter nicht nur ein unglaubliches Wachstum und große persönliche Bekanntheit, sondern darüber hinaus auch einen besonderen Nimbus als zupackender Macher, visionärer Investor sowie charismatische Führungskraft ein. Der Branchenprimus entwickelt sich damit zu einer authentischen Personenmarke. Auf seinen Veranstaltungen geht es den Teilnehmern vor allem darum, ihn zu erleben. Dirk Kreuter ist nicht mehr nur irgendein Trainer. Er ist längst das Kreuter-Phänomen.

## Die Erde ist ein Menschenplanet

Doch um an der Spitze der Branche zu verbleiben, bedarf es täglicher Arbeit, neuer Ideen, dem Aufspüren von Chancen und dem Eingehen gewisser Risiken. Gerade heute verändert sich vieles. Mit Content und Werbung allein ist es nicht getan. Nach der Erfahrung von Dirk Kreuter geht es in der Online-Welt auch viel um Vertrauen und die eigene Reputation, die es in mühevoller jahrelanger Arbeit Stück für Stück aufzubauen gilt. „Haben die Menschen kein Vertrauen, kommen sie auch nicht, wenn die Teilnahme an einer Veranstaltung gratis für sie ist." Gerade in Deutschland sei das Publikum besonders kritisch. Denn: „Ein Seminar bedeutet immer Engagement, eine Verpflichtung zur persönlichen Anwesenheit." Deshalb sei es immer schwierig, Seminare oder gar Hallen zu füllen. Zudem gebe es heute sehr viel mehr Marktteilnehmer als zu seinen Anfangszeiten. „Da musst du schon Besonderes leisten." Dieses Besondere liegt in den Elementen des Entertainments. „Die Menschen wollen nicht stur lernen, sondern dabei unterhalten werden." Veranstaltungen von Dirk Kreuter beinhalten deshalb auch Show, Networking und Referenzerlebnisse. Allerdings wäre Dirk Kreuter nicht Dirk Kreuter, wenn er es dabei beließe. Entertainment machen schließlich alle. „Bei mir ist der Unterhaltungsfaktor jedes Mal stark gekoppelt mit außergewöhnlichen Praxiseinsichten und neuem Content", betont er und ergänzt: „Die Erde ist ein Menschenplanet und das bringe ich in allen meinen Live-Events zum Ausdruck." Einer seiner Glaubenssätze lautet: „Wir sehen die Welt am Ende so, wie wir sind." Das bedeutet: „Auch und vor allem eine Krise ist stets in erster Linie eine Wahrnehmungskrise." Oder anders ausgedrückt: „Die Grenzen eines Sportlers sind im Grunde die Grenzen im Kopf seines Trainers." Diese Grenzen will Dirk Kreuter für seine Teilnehmer erst gar nicht aufkommen lassen. Das ist die menschliche Seite des Kreuter-Phänomens. Der Mentor macht sich stets Gedanken über die Menschen, denen er immer auf Augenhöhe entgegentritt. „Meine Teilnehmer sind für mich nicht nur zahlende Gäste", sagt er. „Sie sind Individuen, die aus bestimmten Gründen zu mir kommen. Diese Gründe möchte ich erkennen, ansprechen und letztlich auch mit meinen Inhalten erreichen. Dafür stehe ich auf der Bühne und produziere meinen Content. Es geht immer um die Menschen, die sich von mir Unterstützung für ihre Herausforderungen wünschen."

Deshalb ist ein zentrales Element in seinen Veranstaltungen auch der Kontakt zu und zwischen den Teilnehmern. „Digitale Events waren in Zeiten der Pandemie mega. Doch sobald Live-Veranstaltungen wieder erlaubt wurden, suchten die Menschen sofort die Nähe zu anderen Menschen. Wir sind eine Spezies, die einfach zusammenkommen will!" Daher seien seine Großveranstaltungen auch unglaublich erfolgreich. „Die Menschen tanken in einer großen Halle besonders viel Energie." Nicht von ungefähr gebe es so bekannte Gruppen wie Bilderberg, Atlantikbrücke, das Weltwirtschaftsforum in Davos oder auch sportliche Großveranstaltungen. „Dagegen leben kleine und recht persönliche Seminare davon, dass die Teilnehmer ein bestimmtes Umfeld erwarten."

**Jetstream-Membership**

Dieses spezielle Umfeld erschafft Dirk Kreuter seit 2016 für mittelständische Unternehmer mit seinem Netzwerk *Jetstream-Membership*. „Eine Plattform zu vertrauensvoller Zusammenarbeit sowie vor allem dem wissbegierigen Austausch auf Augenhöhe." Es gehe dabei um Kontakte untereinander, die in angemessener Weise moderiert würden. „Meine Aufgabe ist es, die richtigen Themen auf den Tisch zu bringen und dazu die wichtigen Fragen zu stellen", definiert Dirk Kreuter seine Rolle als Business-Mentor, die er seit nunmehr acht Jahren ausfüllt. Dabei baut er mit seinem elitären Ansatz eine wirkmächtige Gruppe von erfolgreichen Unternehmern auf, die sich durch Erfolg, Wachstum, Status und den Wunsch definiert, noch viel erfolgreicher zu werden.

Die *Jetstream-Membership* ist ein Treffen von Gleichgesinnten. Mitglieder des Business-Netzwerks sind besonders erfolgreiche Unternehmer und Selbstständige, die den angebotenen hochwertigen Input nutzen, um ihr Geschäft auf die nächste Ebene zu heben. „Angestellte nehmen wir nicht auf, weil sie anders denken", sagt Dirk Kreuter selbstbewusst. Seine Mitglieder beschreibt er als „wachstumshungrig und umsetzungsstark". Mehr als 350 mittelständische Unternehmer haben seit Gründung bereits eine Mitgliedschaft in diesem Netzwerk gekauft. Den Mitgliedsbeitrag von 110.000 € Beitrag versteht Dirk Kreuter als Commitment der Teilnehmer, einen „Hygienefaktor" für die richtige Auswahl. „Jeder, der bereit ist so viel zu bezahlen, verspürt auch Wertschätzung für die Sache." Ein Jahr Mitgliedschaft ist Pflicht für jeden, der sich dem Netzwerk anschließen möchte, Dabeibleiben ist in vielen Fällen möglich.

Viermal jährlich treffen sich die Mitglieder für etwa drei bis fünf Tage in Dubai zum Austausch. Sie lernen von- und miteinander. Fachexperten zeigen ihnen Chancen auf und inspirieren sie zu neuen Wegen. Persönlichkeiten und Koryphäen aus Wirtschaft, Politik, Gesellschaft, Kultur, Unterhaltung und Sport wie Wolfgang Grupp, Dieter Bohlen, Oliver Kahn, Til Schweiger und Boris Becker halten persönliche Vorträge und stehen den Mitgliedern anschließend nicht nur Rede und

Antwort, sondern lassen sie auch aus nächster Nähe an ihrem Denken teilhaben. Doch im Schwerpunkt beschäftigen sich die Teilnehmer mit sich selbst. „Unternehmer erhalten Feedback auf ihre Herausforderungen von anderen, die vielleicht schon selbst in ähnlichen Situationen steckten." Zwischen den Treffen bleiben die Mitglieder digital in Kontakt und nehmen an weiteren Veranstaltungen von Dirk Kreuter teil. „An der *Jetstream-Membership* hängt viel Leistung. Zudem spricht sich die hohe inhaltliche Qualität unseres Netzwerkes allmählich herum. Menschen wollen deshalb dazu gehören, um vom Wissen und dem Austausch zu profitieren." Doch so einfach ist eine Aufnahme nicht. „Viele finden Zugang über meine offenen Seminare. Sie nehmen dann Kontakt mit meinem Team auf und werden ausgiebig in einem Qualifizierungsgespräch zu ihrer Motivation befragt. Außerdem müssen natürlich ihre wirtschaftlichen Daten zu der Idee von *Jetstream* passen." Außerdem achte sein Team darauf, dass jede Branche nur ein einziges Mal vertreten ist. „Kein Wettbewerb, keine Akquise, no Pitch Events", nennt Dirk Kreuter sein Modell. Die Teilnehmer sind von der Idee begeistert. Sie heben vor allem die perfekte Organisation hervor sowie das Händchen von Dirk Kreuter und seinem Team, jedes Treffen mit einer besonderen Mischung aus Präsentationen, Austausch und gemeinsamen Events zu einem einzigartigen, nachhaltigen und vor allem inhaltlich hochwertigen Erlebnis zu machen.

**Veränderung und Wandel**

Dirk Kreuter ist davon überzeugt, mit der *Jetstream-Membership* seine Arbeit als Trainer, Berater und Mentor auf die nächste Stufe zu bringen. „In diesem Netzwerk fließen alle meine Erfahrungen, mein gesamtes Wissen sowie meine wirtschaftliche Kompetenz als erfolgreicher Unternehmer in ganz besonderer Art und Weise zusammen und erlaubt den Teilnehmern unmittelbar davon zu profitieren." Aus dem Netzwerk heraus komme es zu Gründungen und Joint Ventures. Einige der Mitglieder berichten durchaus glaubhaft, den jährlichen Beitrag locker wieder einzuspielen. „Im Schnitt bleiben die Unternehmer zwei bis drei Jahre in der *Jetstream-Membership*", erklärt Dirk Kreuter. „Viele nehmen auch nur das eine Jahr mit und orientieren sich dann neu. Das ist vollkommen in Ordnung. Mein oberstes Ziel ist es, dass jeder so viel wie möglich für sich herauszieht." Dies gelingt ihm und auch das macht das Kreuter-Phänomen aus. Dirk Kreuter setzt auf Veränderung und Wandel. Niemand ist dazu gezwungen, länger als für ihn selbst nützlich, bei ihm zu bleiben. Damit lebt er in seiner eigenen Organisation das Prinzip der Wirtschaft schlechthin: Nie anhalten, immer in Bewegung sein, Neues ausprobieren, integrieren und dadurch wachsen. Das ist es, was seine Teilnehmer neben dem fachlichen Know-how vor allem von ihm lernen können. Er hat sich zu einem modernen Unternehmer par excellence entwickelt. Dabei spielt der steigende Umsatz, den er jedes Jahr erneut anpeilt, nicht die entscheidende Rolle. Das allerwichtigste am Kreuter-Phänomen ist die Lebenshaltung von Dirk Kreuter selbst. Der eigene Anspruch, Vorbild zu sein und nur das weiterzugeben, was er sich selbst an Wissen und Erfahrung erarbeitet hat. Diese Einstellung lässt ihn als Trainer, Coach und Mentor nicht nur besonders glaubwürdig erscheinen, sondern sichert auch die hohe Qualität aller seiner Veranstaltungen bis hin zur *Jetstream-Membership*. Dirk Kreuter fühlt sich seinen Teilnehmern verpflichtet und bietet ihnen deshalb nur ausgewählte, persönliche und erprobte Inhalte. Genau das spüren die Menschen und aus diesem Grund füllen sie die Hallen, in denen er auftritt. Das Kreuter-Phänomen ist letztlich sehr einfach zu erklären. Dirk Kreuter ist trotz all seiner großen Erfolge nahbar. Er arbeitet hart für jedes Seminar, jedes Event, jeden seiner Auftritte. Wer die Professionalität erlebt hat, mit der er und sein gesamtes Team zu Werke gehen, um ein Video, ein Webinar oder eine komplette Bühnenshow vorzubereiten, wird begreifen, weshalb sein Publikum ihn liebt.

## „Ich suche die Nähe zu den Menschen"

Freimütig gesteht Dirk Kreuter, dass es auch verschiedene andere gute Branchennetzwerke gibt, die ihren Mitgliedern viel bieten. Wettbewerb hat ihn noch nie abgeschreckt und vor allem weiß er um seine Stärken und die seiner Ideen. „Jeder dieser Zusammenschlüsse ist etwas Cooles", meint er, „weil sich dort Menschen treffen, kennenlernen, verbinden und gemeinsam Projekte auf die Beine stellen." Oft sei besonders die Weitergabe eigener Erfahrungen ohne jede didaktische Ausbildung sehr gut und wertvoll in diesen Segmenten. „Allerdings ist das nicht der Weg wie Menschen gut lernen", fügt er hinzu. Damit schließt sich der Kreis zu seinen eigenen Angeboten.

Dirk Kreuter entwickelte sich über Jahrzehnte vom gefragten Verkaufstrainer zum kreativen Businessmentor. Dabei ging er auch den Weg über die einfache Selbstständigkeit zum Multiunternehmer. „Früher wurde ich von Teilnehmern wie jeder Experte manchmal darauf angesprochen, weshalb ich kein eigenes Unternehmen aufgebaut hätte", sagt er rückblickend. „Ich spürte Vorbehalte, weil mir bei allem theoretischen Wissen die Praxis fehlte, die ganz andere Herausforderungen bietet." Deshalb wollte er seine Methoden unbedingt mit praktischem Unternehmertum anreichern. Das ist ihm mittlerweile hervorragend gelungen. „Heute beschäftige ich mich nur noch zu zwanzig Prozent mit Verkauf und investierte achtzig Prozent meiner Zeit in Themen rund um Unternehmertum." Dennoch vergisst Dirk Kreuter nie, woher er kommt, und kehrt regelmäßig wieder zu seinen Wurzeln zurück. Schließlich ist er nach wie vor Europas bekanntester Verkaufstrainer. Seine Anfänge prägen ihn und er bleibt sich mit seiner Devise treu, stets nur auf der Seite der Verkäufer zu stehen.

Seine absolut bekannteste Veranstaltung ist und bleibt die Vertriebsoffensive. Mit ihr füllt Dirk Kreuter jetzt seit über zwölf Jahren regelmäßig große Hallen. Rund sechzig Prozent sind dabei Verkaufsthemen, den Rest der Zeit verteilt er auf Mindset, Unternehmertum und Onlinemarketing. „Die Menschen kommen meinetwegen. Sie wollen den Blick von Dirk Kreuter auf ihre geschäftlichen Themen und ich teile mein Wissen sehr gerne und auch großzügig mit ihnen. Das spricht sich herum und genau das erwartet mein Publikum auch von mir." Viele Teilnehmer harren bis zu eineinhalb Stunden in einer Schlange aus, um ihrem Vorbild Feedback zu geben, mit ihm an der Fotowand abgelichtet zu werden oder kurz Smalltalk zu machen. Es scheint, als freue sich das Publikum über jedes persönliche Wort von Dirk Kreuter. „Ich suche selbst die Nähe zu den Menschen", sagt er, „und brauche den direkten Kontakt zum Publikum." Der Startrainer nutzt jede sich bietende Gelegenheiten, um mit den Menschen ins Gespräch zu kommen. Die Teilnehmer spüren dabei seine Energie und sind umso fasziniter von seinen Auftritten. „Ähnlich wie emotionale Rockkonzerte sind meine Veranstaltungen Gemeinschaftserlebnisse. Eine unglaubliche Show, bei der das Publikum aus sich herauskommt und jedes Mal fantastisch mitgeht. Die Hälfte der Teilnehmer nehmen öfter teil, folgen mir von Hamburg über Berlin bis München und in das Ruhrgebiet." Es gebe in Deutschland nur drei Trainer, die große Hallen füllen würden: Jürgen Höller, Christian Bischoff und Dirk Kreuter. „Tony Robbins ist die große Blaupause und Jürgen Höller war die erste Kopie dieses großartigen US-amerikanischen Speakers. Er machte das Format in Deutschland bekannt. Aber die allermeisten in diesem Beruf haben sich beim Umgang mit Großgruppen an unser aller Vorbild Tony Robbins orientiert. Er ist die Ikone, auf die weltweit die meisten schauen."

## Internationale Ambitionen

Dirk Kreuter selbst ist inzwischen für alle Formate zu haben. Zweifelte er früher noch am Sinn offener Seminare, liebt er mittlerweile diesen „One to many" Ansatz geradezu. „Damit unterstütze ich wesentlich mehr Menschen auf ihrem erfolgreichen beruflichen Weg. Manche Coaches sind in der eins zu eins Beratung mega gut, erreichen pro Tag aber vielleicht gerade einmal sechs Menschen. Ich kann beides, schaffe aber im Großen wesentlich mehr." Obwohl er dabei schon vieles umgesetzt hat, was er sich früher vornahm, hat auch Dirk Kreuter noch Wünsche, Ziele und Träume. „Mein nächstes Level ist die internationale Bühne. Ich möchte meine Formate auf Englisch halten und auf andere Kulturen übertragen. In spätestens zehn Jahren soll mein internationaler Stellenwert genauso hoch sein wie augenblicklich mein deutscher." Der Beginn ist bescheiden: Zunächst werden Onlinekurse auf ein internationales Publikum ausgerichtet. Ein Versuchsballon. Bei Erfolg soll anschließend ein digitales Mentoringprogramm folgen. „Auch ein englischsprachiges *Jetstream* Netzwerk ist in Dubai sicherlich irgendwann denkbar." Ein weiterer wichtiger Schritt zur angestrebten Internationalität werden laut Dirk Kreuter in absehbarer Zeit erste „Gastvorträge auf fremden internationalen Bühnen" sein. Wie immer wird alles akkurat und im Detail geplant, nichts dem Zufall überlassen. Das ist eines der unabdingbaren Erfolgsgeheimnisse. Bei aller Spontanität ist Dirk Kreuter stets ein Perfektionist, der jeden Satz, jeden Schritt und jede scheinbar noch so unbedeutende Phase seiner öffentlichen Auftritte probt, bis alles sitzt. „Das Publikum hat ein Recht auf den hundertprozentigen Dirk Kreuter", begründet er seine Besessenheit für korrekte Abläufe. Erst auf der Bühne, sobald die Teilnehmer mitgehen und ihm frenetisch folgen, reagiert er situativ. Dann kann er locker sein und sogar von seinem Plan abweichen, indem er auf die Menschen eingeht. Doch das ist nur möglich, weil er genau weiß, wie er wieder auf die Spur zurückfindet und in den Vortragsmodus des Erfolgstrainers umschaltet. So führt er übrigens auch sein Unternehmen: Stets gut über alles informiert, immer auf jeden Termin bestens vorbereitet und thematisch im Bilde. Niemand kann ihm daher irgendetwas vormachen. Weil er sich auch mit kleinen Details unter Umständen ausgiebig beschäftigt, weiß er genau, was er will. Das Kreuter-Phänomen wird auch aus dieser Sicht verständlich. Es entsteht aus der bereits erwähnten Lebenshaltung, einer besonderen Leidenschaft für Wissensvermittlung und Unternehmertum sowie dem Wunsch, all das sinnvoll zusammenzubringen, um Menschen auf ihrem Weg zu unterstützen.

**Größte Herausforderung sind ständige Veränderungen**

Seine Branche sieht Dirk Kreuter insgesamt durchaus differenziert. „Die allgemeine derzeitige Entwicklung tendiert dahin, dass sich fast jeder, den ich frage, heute coachen lässt." Seiner Ansicht nach liegt das an schwindenden familiären Bindungen. „Im Sport gibt es zum Beispiel einen großen Trend zum Personal Trainer als Partner und Unterstützer." Ähnliches sieht er für die wachstumsstarken Bereiche Weiterbildung und Persönlichkeitsentwicklung voraus. „Es wird ganz normal, dass die Menschen sich in vielen Bereichen eine Zeitlang begleiten lassen", blickt Dirk Kreuter in die Zukunft. Entsprechend werde es in einigen Jahren noch wesentlich mehr Coaches, Berater, Trainer und auch Speaker geben. Dabei hält er die von Branchenexperten angedachte Regulierung des Marktes für einen komplett falschen Weg. „Lizenzen und Zertifizierungen zeigen weitaus weniger als die Kraft des Marktes", ist er überzeugt und fordert von Anbietern vor allem Transparenz gegenüber ihren Interessenten. „Es gewinnt derjenige, der seinen Kunden Mehrwert bietet und das auch nach außen sehr gut kommuniziert. Die Kombination aus Sichtbarkeit und Qualität aus Kundensicht wird sich letztlich durchsetzen und gewinnen." Darauf könnte Dirk Kreuter sogar wetten. „Wenn ich denn überhaupt wetten würde", schmunzelt er. Schließlich hat er während seiner Karriere bereits sehr große Umbrüche erlebt. „Noch 2014 hatten wir eine komplett andere Form von Vertrieb. Davon sind heute höchstens noch dreißig Prozent übrig geblieben und mehr als siebzig Prozent sind unseren fortwährenden wirtschaftlichen, technologischen und gesellschaftlichen Veränderungen zum Opfer gefallen und mussten sich ebenfalls stark wandeln." Die allergrößte Herausforderung in seinem Metier sei es, immer wieder auf neue Anforderungen der Kunden einzugehen, Topleistungen in immer kleineren Nischen zu erbringen, stets passende Lösungen für Kunden zur Verfügung zu stellen und dabei eine hohe eigene Sichtbarkeit zu erreichen. „Wenn du das alles schaffst, wirst du zwangsläufig finanziell frei", meint Dirk Kreuter. „Dagegen kannst du dich gar nicht wehren."

## Eine kurze Geschichte des Verkaufstrainings

Die Geschichte des Verkaufstrainings ist eng mit der Entwicklung von Handel und Wirtschaft weltweit verbunden. Seine Wurzeln reichen sogar bis in die Antike zurück. Dabei basierten sehr frühe Formen des Verkaufstrainings in Griechenland und Rom noch hauptsächlich auf Erfahrung und mündlicher Überlieferung.

Mit der Industrialisierung im 19. Jahrhundert und dem Aufkommen großer Unternehmen zeichnete sich ein wachsender Bedarf an strukturiertem Verkaufstraining ab. Erste systematische Verkaufsschulungen führten Firmen wie *Singer Sewing Machines* und *National Cash Register* (NCR) durch. John H. Patterson, der Gründer von NCR, gilt als einer der Pioniere des modernen Verkaufstrainings. Er entwickelte erstmals detaillierte Verkaufshandbücher, führte darüber hinaus regelmäßige Schulungen und Meetings durch, um seine Verkäufer in Theorie und Praxis bestmöglich zu unterstützen. In den 1920er Jahren veröffentlichte Dale Carnegie sein berühmtes Buch „How to Win Friends & Influence People", das bald zu einem Standardwerk für Verkäufer wurde, da es erstmals die Bedeutung von Beziehungsaufbau betonte. Verkäufer lernten, langfristige Kundenbindungen aufzubauen und zu pflegen. In der 1950er und 1960er Jahren entstanden dann zahlreiche Verkaufstrainingsprogramme und -seminare, die sich auf verschiedene einzelne Aspekte des Verkaufsprozesses konzentrierten – von der Kundenakquise über die Kundenberatung bis zur Abschlussstrategie.

Das Aufkommen von Computern und dem Internet in den 1980er und 1990er Jahren veränderte schließlich auch das Verkaufstraining konsequent hin zu einer datenunterstützten, aber auch datengetriebenen Aufgabe. Digitale CRM-Systeme (Customer-Relationship-Management) wurden eingeführt, um alle verfügbaren Kundeninformationen zu jederzeit verlässlich zu verwalten sowie den Verkaufsprozess zu optimieren. E-Mail-Marketing und Telemarketing waren neue Instrumente der Kontaktaufnahme zu Kunden. Ebenfalls wurden E-Learning und Online-Schulungen damals populär. Unternehmen begannen, ihre Verkaufsteams weltweit zu schulen. Technologische Fortschritte und ein immer besseres Verständnis der Kundenwünsche ermöglichten deutlich effizientere und kostengünstigere Verkaufstrainings.

Aktuell revolutioniert die immer weiter fortschreitende Digitalisierung das Verkaufstraining erneut geradezu revolutionär. Moderne Programme nutzen künstliche Intelligenz (KI), virtuelle Realität sowie Big Data, um ganzen Vertriebsteams personalisierte und interaktive Schulungserlebnisse zu bieten. Social Selling und die Nutzung von sozialen Medien sind ebenfalls enorm wichtige Bestandteile vieler moderner Verkaufstrainings. Unternehmen erkennen darüber hinaus zunehmend die besondere Bedeutung von Soft Skills wie Empathie und emotionaler Intelligenz im Verkaufsprozess und legen dementsprechend mittlerweile großen Wert auf empathische Verkaufstechniken. Denn sie stellen, auch aufgrund von genaueren Erkenntnissen aufgrund umfangreicherer Daten, immer stärker die Wünsche und Bedürfnisse ihrer Kunden in den Mittelpunkt des Verkaufsprozesses. Ebenfalls an Bedeutung gewinnen Nachhaltigkeit und ethisches Verkaufen, weil eine ständig wachsende Zahl an Kunden umweltbewusste und sozial verantwortliche Unternehmen bevorzugen. Interaktive Onlineschulungen ermöglichen die dafür notwendige immersive und effektive Weiterbildung der modernen Verkäufer.

Entsprechend spiegelt die Entwicklung der Verkaufstechniken Veränderungen in der Gesellschaft, den Kundenpräferenzen sowie der Technologie wider. Von einfachen Verhandlungsmethoden bis hin zu hochentwickelten, verstärkt datengetriebenen Strategien haben sich Verkaufstechniken kontinuierlich weiterentwickelt, um den Anforderungen des Marktes zu jeder Zeit gerecht zu werden.

## Mehr als nur ein Name: Die Personenmarke Dirk Kreuter

Rückblickend betrachtet Dirk Kreuter den Markt der Coaches, Trainer, Berater und Speaker als ein sehr langfristiges Geschäft. „Die meisten Menschen denken generell viel zu kurzfristig." Das Gros seiner Marktbegleiter seien entweder längst aus dem Spiel ausgestiegen oder rangierten inzwischen unter ferner liefen. „In meinen bislang mehr als dreißig Jahren als Trainer sah ich jede Menge Berufskollegen kommen und gehen. Heute befindet sich, wirtschaftlich gesehen, in Europa kein einziger mehr auf Augenhöhe mit mir", stellt er sachlich fest.

Dirk Kreuter sieht sich selbst auf jeden Fall als unmittelbare Personenmarke. „Allein schon deshalb, weil sich Menschen eher an realen Personen als an Unternehmen orientieren." Zudem gewinnt in der heutigen digitalisierten Welt die Personenmarke immer mehr an Bedeutung. Hinter ihr verbirgt sich nicht nur ein Name oder ein Gesicht, sondern eine sehr sorgfältig gestaltete Identität, die das Image, die Werte sowie die Kompetenzen einer Person widerspiegelt. Für Dirk Kreuter ist das Herzstück seiner Personenmarke die Authentizität seiner Erscheinung, seines Auftritts und seines Verhaltens gegenüber seinen Kunden. „Ich bringe stets meine wahren Werte und Überzeugungen zum Ausdruck", sagt er. „Es geht mir sehr stark darum, ehrlich und transparent zu sein." Nach kurzem Nachdenken fügt Dirk Kreuter hinzu: „Sowohl in den Höhen als auch in den Tiefen des Lebens." Zudem hebt sich eine starke Personenmarke von der Masse ab. Im Falle von Dirk Kreuter ist das ohne jeden Zweifel absolut gegeben. In seinen Auftritten, online und auf großen Bühnen, stellt er seinem Publikum seine einzigartigen Fähigkeiten, Erfahrungen und Perspektiven nicht nur vor, sondern lässt die Menschen in den Veranstaltungen und Events gerne selbstverständlich daran teilhaben. Zudem kommuniziert er ausführlich über Bücher, Videos, Podcasts, Posts und andere Möglichkeiten der sozialen Medien. Besonders achtet er dabei auf die Einheitlichkeit seiner Botschaften. Denn auch Konsistenz ist ein wichtiger Schlüssel zur Markenbildung, weil sie Vertrauen und einen besonderen Wiedererkennungswert beim Publikum erzeugt, was wiederum zu einer verstärkten Sichtbarkeit führt, die für die Personenmarke Dirk Kreuter absolut gegeben ist. Ebenso wie die Erstellung werthaltigen Contents und der Aufbau eines starken Netzwerkes von Mentoren, Unterstützern und Gleichgesinnten.

Eine starke Personenmarke, wie Dirk Kreuter sie aufgebaut hat und immer noch aufbaut, öffnet Türen durch langfristige Vertrauensbildung. „Die Menschen wollen dich, weil sie schon so viel von dir gehört haben und sehr gut wissen, was sie erwarten dürfen", meint Dirk Kreuter. „Ich bin keine Überraschung mehr für mein Publikum und das ist gut so, denn es will darauf vertrauen dürfen, dass es bekommt, was es kennt: mich." Wer es wie Dirk Kreuter schafft, eine Personenmarke zu implementieren, erzielt nachhaltigen Erfolg nicht nur durch Bekanntheit, sondern vor allem durch Glaubwürdigkeit. Die Menschen, die an Veranstaltungen und Events von Dirk Kreuter teilnehmen, kennen ihn bereits beispielsweise aus seinen Videos. Sie wissen genau, was sie wollen: Hundert Prozent Dirk Kreuter. Eben das ist die Kraft einer mit Überlegung, Geduld, Energie und viel Arbeit aufgebauten Personenmarke.

Das Vertrauen der Kunden geht schier durch die Decke. „Früher brauchte man dazu *Bild*, *BamS* und die Glotze", lächelt Dirk Kreuter in sich hinein. „Diese drei Mediengrößen sind auch heute noch sehr hilfreich. Hinzukommen aber die sozialen Medien und geben uns die Möglichkeit an die Hand, unsere Sichtbarkeit zu einem sehr großen Teil unabhängig zu steuern." Die besondere Unabhängigkeit spielt Dirk Kreuter in die Hand, der schon immer seine eigenen Wege suchte und gegangen ist. Ausgetretene Pfade waren dagegen nie seine Sache. „Ich bin und bleibe neugierig, lerne kontinuierlich hinzu und verändere mich stets im Rahmen meiner Fähigkeiten, Werte und Überzeugungen sinnvoll weiter", meint Dirk Kreuter.

## Inhaltliche Definitionshoheit

Dabei ist trotz aller Vertrautheit dennoch eine vorsichtige kontinuierliche Weiterentwicklung der Personenmarke unumgänglich, denn eine authentische Personenmarke ist niemals statisch. Sie sollte sich fortwährend an neue Trends, Technologien und Marktbedingungen anpassen. Kreuter ist es sehr wichtig, als Personenmarke ein immer größeres Publikum anzusprechen, um Menschen beispielsweise beim Aufbau eines eigenen Unternehmens oder dessen Wachstum zu unterstützen. „Ich möchte maximal Teilnehmer erreichen, damit sich unternehmerischer Erfolg potenziert." Dazu ist die Personenmarke Dirk Kreuter allemal in der Lage. Mit jedem Tag steigt ihre Bekanntheit und das Team im Hintergrund leistet fantastische Arbeit, das Kreuter-Phänomen weiter nach vorne zu bringen. „Alles, was ich mache, zahlt auf meine Personenmarke ein", betont Dirk Kreuter.

Das Dirk Kreuter-Phänomen lässt sich mit all dem nicht wirklich restlos erklären. Es ist richtig, dass Professionalität, Wissen, Erfahrung, Neugier, Bereitschaft zur Veränderung, Wandlungsfähigkeit und sehr viel Arbeit die Personenmarke Dirk Kreuter aufbauen. Auch nutzt er die vielfältigen neuen technologischen Möglichkeiten in der Onlinewelt, für sich exzellent und virtuos. Trotzdem – das allein macht Dirk Kreuter noch nicht zum Phänomen. Denn auch allen anderen in der Branche der Trainer, Coaches, Berater und Speaker stehen diese modernen Möglichkeiten offen.

Um das Phänomen Dirk Kreuter zu begreifen, muss diese ganze Palette an technischen Hilfsmitteln beiseite geschoben werden. Dann richtet sich der unverstellte Blick ganz allein auf den Menschen Dirk Kreuter. Auf seine Persönlichkeit, seine Leidenschaft, seine Energie, seinen Willen vor ein Publikum zu treten und immer wieder eine beeindruckende Leistung abzuliefern. Ohne all diese Eigenschaften, die in Dirk Kreuter selbst begründet liegen, wäre ein Dirk Kreuter-Phänomen absolut unmöglich. Seine Kraft zum Erfolg steckt nicht hinter irgendwelchen nützlichen Werkzeugen. Der Aufstieg und das unglaubliche Wachstum von Dirk Kreuter bedingt er letztlich selbst durch das Wesen, zu dem er sich im Laufe seiner Karriere geformt hat. Genau das macht ihn glaubwürdig und schafft Vertrauen. Dirk Kreuter wird für viele Menschen zum Vorbild, weil er vorlebt, was er seinem Publikum nahebringt. Das Dirk Kreuter-Phänomen ist Dirk Kreuter. Deshalb steht er einzigartig in der Branche dar und hat als Trainer, Berater und Mentor den größten Erfolg. Erst durch das Zusammenspiel von einzigartiger Persönlichkeit und modernen technischen Hilfsmitteln wird aus dem bekanntesten Verkaufstrainer in Europa nach und nach ein Superstar der Branche. Es ist die Steigerung der eigenen Sichtbarkeit in Verbindung mit einem authentischen Angebot an sein Publikum, das Dirk Kreuter in atemberaubende und unerwartete Sphären der Branche katapultiert. Er setzt neue Maßstäbe durch sein Verständnis von Wünschen, Hoffnungen und Zielen der Menschen einerseits sowie der professionellen Handhabung moderner Mittel der Selbstvermarktung.

Dirk Kreuter ist auch deshalb ein Phänomen, weil er nicht stehen bleibt, sich nicht auf seinen Erfolgen ausruht, keine Pause in seinem persönlichen Wachstum und dem seiner Firmengruppe einlegt. Er bleibt neugierig und hungrig. Seine Leidenschaft gilt dem Publikum, den Menschen, die seine Unterstützung einfordern, sowie dem eigenen Unternehmertum. Stets lockt ihn die große Bühne, die Nähe zu den Menschen – seien es die Teilnehmer seiner Veranstaltungen oder die Unternehmer in seinem Netzwerk.

Dabei bleibt er sich als Verkaufstrainer treu. Er wechselt nicht das Metier, weil es irgendein Trend gerade verlangt. Im Gegenteil: Inzwischen setzt er die Trends. Auch das gehört zum Phänomen des Dirk Kreuter. Seine Marktmacht ist mittlerweile groß genug, dass er über eine inhaltliche Definitionshoheit verfügt, die er dafür nutzt, möglichst viele Menschen von der Bedeutung des Verkaufs zu überzeugen. Sein großes Thema – seit seinen Anfängen vor mehr als dreißig Jahren.

# 12
## Die Verbandslandschaft

Wie in fast jeder Branche, ist die deutsche Verbandslandschaft auch im Bereich der Coaches, Trainer, Berater und Speaker vielfältig und bietet eine recht breite Palette an Unterstützung und Vernetzungsmöglichkeiten für alle Experten in diesem Bereich. Die Verbände setzen sich schwerpunktmäßig unter anderem für Professionalisierung, Qualitätssicherung und selbstverständlich darüber hinaus als Interessenvertretung ihrer Mitglieder ein. Obwohl die Verbände unterschiedliche Schwerpunkte und Ausrichtungen haben, teilen sie einige gemeinsame Ziele. So setzen alle Verbände gleichermaßen auf hohe Qualitätsstandards in der Ausbildung und Praxis ihrer Mitglieder. Außerdem arbeiten sie daran, die Berufe Coach, Trainer, Berater und Speaker weiter zu professionalisieren und deren Anerkennung in der Gesellschaft zu fördern. Darüber hinaus bieten sie Plattformen für den Austausch und die Vernetzung ihrer Mitglieder an, um den Wissenstransfer und die Zusammenarbeit innerhalb der Branche zu fördern. Anbei werden einige der wichtigsten deutschen Verbände ohne einen Anspruch auf Vollständigkeit vorgestellt. Die Auswahl ist rein subjektiv und mit ihr sowie der zufälligen Reihenfolge der Vorstellung ist in keiner Weise irgendeine Art von Wertung verbunden.

## Bundesverband Deutscher Verkaufsförderung und Trainer e.V. (BDVT)

Der *Bundesverband Deutscher Verkaufsförderung und Trainer* (BDVT) hat eine lange Tradition und spielt eine zentrale Rolle in der Weiterentwicklung und Qualitätssicherung dieser Berufsgruppen. Der Verband wurde vor über 40 Jahren als Vertretung für Verkaufsförderer gegründet und hat sein Tätigkeitsfeld seitdem erweitert. Heute umfasst er ein breites Spektrum an Trainings- und Coaching-Dienstleistungen.

### Ziele und Aufgaben

Der BDVT verfolgt mehrere zentrale Ziele:

1. **Qualitätssicherung**

    Der Verband setzt hohe Standards für Ausbildung und Zertifizierung von Trainern und Coaches. Durch regelmäßige Fortbildungen und Zertifizierungsprogramme stellt der BDVT sicher, dass sich seine Mitglieder stets auf dem neuesten Stand der Methodik und Didaktik befinden.

2. **Berufsständische Vertretung**

    Der BDVT vertritt die Interessen seiner Mitglieder gegenüber Politik, Wirtschaft und Gesellschaft. Er setzt sich für die Anerkennung und Wertschätzung der Berufe Trainer, Berater und Coach ein und arbeitet daran, die Rahmenbedingungen für diese Berufsgruppen zu verbessern.

3. **Netzwerk und Austausch**

    Der Verband betreibt eine Plattform für den Austausch und die Vernetzung seiner Mitglieder. Durch regelmäßige Veranstaltungen, Tagungen und Workshops fördert der BDVT den Wissenstransfer sowie die Zusammenarbeit innerhalb der Branche.

### Angebote und Dienstleistungen

Der Verband bietet verschiedene Zertifizierungsprogramme an, um die Qualität und Professionalität der Trainer und Coaches sicherzustellen. Diese Zertifikate sind in der Branche allgemein anerkannt und gelten als Qualitätsmerkmal. In der BDVT-Akademie werden zusätzlich zahlreiche besonders hochwertige Weiterbildungsangebote von kurzen Workshops bis zu umfassenden Ausbildungsprogrammen in speziellen Fachgebieten bereitgestellt. Darüber hinaus erhalten Mitglieder des Verbandes individuelle Beratung und Unterstützung in beruflichen Fragen. Diese umfasst sowohl fachliche als auch rechtliche Aspekte.

### Bedeutung und Einfluss

Der BDVT hat sich als eine der wichtigsten Institutionen im Bereich der Verkaufsförderung und des Trainings in Deutschland etabliert. Mit mehr als 1.800 Mitgliedern ist der Verband ein überaus bedeutender Akteur in der Branche. Durch seine Arbeit leistet er einen großartigen Beitrag in der Personalentwicklung. Zudem fördert er neue Innovationen und Ansätze in der Weiterbildung und trägt entscheidend dazu bei, dass Trainer und Coaches ihre Klienten bestmöglich unterstützen können.

## Deutscher Bundesverband Coaching e.V.

Der *Deutsche Bundesverband Coaching e.V.* (DBVC) ist auf Business-Coaching spezialisiert und setzt hohe Standards für die Ausbildung und Zertifizierung von Coaches. Zudem engagiert sich der Verband stark in der Professionalisierung der Coaching-Branche und bietet eine Plattform für den Austausch und die Weiterentwicklung von Coaching-Methoden. Damit ist er auch eine führende Institution im Bereich Leadership im deutschsprachigen Raum. Eine Gruppe erfahrener Coaches rief den DBVC 2004 ins Leben. Heute zählt er mehr als 700 Mitglieder, darunter Coaches, Wissenschaftler, Weiterbildungsanbieter und Experten aus Unternehmen.

## Ziele und Aufgaben

Der DBVC verfolgt drei zentrale Ziele:

1. **Professionalisierung der Coaching-Branche**

   Der Verband setzt sich für Etablierung und Einhaltung hoher Qualitätsstandards im Coaching ein. Dies umfasst auch die Ausbildung, Zertifizierung und kontinuierliche Weiterbildung von Coaches.

2. **Förderung von Forschung und Lehre**

   Der DBVC fördert den Austausch zwischen Praxis und Wissenschaft und unterstützt die wissenschaftliche Forschung im Bereich Coaching. Dies geschieht durch Kooperationen mit Hochschulen und Forschungseinrichtungen sowie durch Veröffentlichung von Fachbeiträgen und Studien.

3. **Interessenvertretung**

   Der Verband vertritt die gemeinschaftlichen Interessen seiner Mitglieder gegenüber Politik, Wirtschaft und Gesellschaft. Er setzt sich für die Anerkennung und Wertschätzung des Berufs „Coach" ein und arbeitet daran, die Rahmenbedingungen zu verbessern.

## Angebote und Dienstleistungen

Der DBVC bietet eine große Vielfalt an Dienstleistungen und Angeboten für seine Mitglieder. So zum Beispiel verschiedene

Zertifizierungsprogramme, die als Qualitätsmerkmal allgemein in der Branche anerkannt sind. Diese Zertifikate stellen sicher, dass die Coaches über die notwendige Kompetenz und Erfahrung verfügen. Darüber hinaus organisiert der DBVC regelmäßig Weiterbildungen, darunter Workshops, Seminare und Konferenzen. Diese Veranstaltungen bieten allen Mitgliedern die Möglichkeit, ihre Kenntnisse zu erweitern und sich über aktuelle Entwicklungen im Coaching auszutauschen. Damit schafft der Verband auch eine Plattform für den Austausch und die Vernetzung seiner Mitglieder. Durch regionale und überregionale Treffen, Online-Foren und Fachgruppen fördert der DBVC den Wissenstransfer und die Zusammenarbeit innerhalb der Branche. Dazu gehört das DBVC-Dialogforum, eine jährliche Veranstaltung, bei der Vertreter aus Organisationen und DBVC-Mitglieder über den Einsatz, den Nutzen sowie die Qualität von Coaching in Organisationen diskutieren. Hinzu kommen regelmäßige Jubiläumstalks und Fachbeiträge bei denen Meilensteine der Verbandsarbeit gefeiert werden, womit ein Austausch von Fachwissen und Best Practices einhergehen und sehr befördert werden. So verbindet der DBVC auf angenehme Weise die praktischen Erfahrungen seiner Mitglieder mit den Ergebnissen aus Wissenschaft und Forschung.

### Bedeutung und Einfluss

Durch seine Arbeit trägt der Verband maßgeblich zur Qualitätssicherung und Weiterentwicklung des Coachings bei. Er fördert Innovationen und neue Ansätze der Coaching-Praxis und unterstützt seine Mitglieder dabei, ihre Klienten bestmöglich zu begleiten, indem er sicherstellt, dass sie stets auf dem neuesten Stand sind.

## Deutscher Coaching Verband e.V.

Der *Deutsche Coaching Verband e.V.* (DCV) wurde gegründet, um die Interessen von Coaches zu vertreten und hohe Qualitätsstandards im Coaching zu erreichen. Im Laufe der Jahre etablierte er sich als zentrale Anlaufstelle für Coaches und Coaching-Klienten. Darüber hinaus engagiert er sich für die kontinuierliche Weiterbildung der Coaching-Branche.

### Ziele und Aufgaben

Der DCV verfolgt zentrale Ziele:

1. **Qualitätssicherung**

   Der Verband setzt hohe Standards für die Ausbildung und Zertifizierung von Coaches. Das DCV-Zertifikat gilt als Gütesiegel für Qualität und Professionalität im Coaching und stellt sicher, dass die zertifizierten Coaches über die notwendigen Kompetenzen sowie ausreichend Erfahrungen verfügen.

2. **Ethische Richtlinien**

   Der DCV hat eine Ethikrichtlinie entwickelt, die als Bewertungsrahmen für korrektes und bewusstes Handeln im Beruf dient. Diese Richtlinie unterstützt die professionelle Selbstreflexion der Coaches und stellt sicher, dass ethische Standards eingehalten werden.

3. **Interessenvertretung**

   Der Verband vertritt die Interessen seiner Mitglieder gegenüber Politik, Wirtschaft und Gesellschaft. Er setzt sich für die Anerkennung und Wertschätzung des Berufs „Coach" ein und arbeitet daran, die Rahmenbedingungen für Coaching zu verbessern.

## Angebote und Dienstleistungen

Der DCV bietet seinen Mitgliedern Zertifizierungen, Weiterbildung sowie ein starkes Netzwerk und umfassenden Austausch. Durch regionale und überregionale Treffen, Online-Foren sowie zahlreiche Fachgruppen fördert der DCV den Wissenstransfer und die Zusammenarbeit innerhalb der Branche. Dazu tragen auch die Veranstaltungen und Initiativen des Verbandes bei. Bei der DCV Coach Connection haben die Mitglieder beispielsweise die Möglichkeit, sich im lockeren Rahmen zu vernetzen und auszutauschen. Regionalgruppentreffen bieten ebenfalls eine Plattform für den Austausch und fördern die umfassende Zusammenarbeit auf regionaler Ebene.

## Bedeutung und Einfluss

Der DCV konnte sich als eine der wichtigsten Institutionen im Bereich Coaching in Deutschland etablieren. Durch seine Arbeit trägt der Verband maßgeblich zur Qualitätssicherung und Weiterentwicklung des Coachings bei. Er fördert Innovationen und neue Ansätze in der Coaching-Praxis und unterstützt seine Mitglieder dabei, ihre Klienten bestmöglich zu begleiten.

### German Speakers Association e.V.

Die *German Speakers Association e.V.* (GSA) ist ein bedeutender Berufsverband sowie eine internationale Plattform für deutschsprachige Redner, Trainer, Coaches und alle, die ihre Vortragsqualität professionalisieren möchten. Der Verband entwickelte sich im Laufe der Jahre zu einer zentralen Anlaufstelle für Experten, im Bereich der öffentlichen Rede und Präsentation.

## Ziele und Aufgaben

Die GSA verfolgt hauptsächlich drei Ziele:

1. **Professionalisierung der Rednerbranche**

   Die GSA setzt sich für die Etablierung und Einhaltung hoher Qualitätsstandards im Bereich der öffentlichen Rede ein. Dies umfasst die Ausbildung, Zertifizierung sowie kontinuierliche Weiterentwicklung von Rednern und Trainern. Damit erreicht der Verband langfristig auch eine gesteigerte Anerkennung der öffentlichen Rede als eigenständiges Format und des Berufs des Redners.

2. **Förderung von Forschung und Lehre**

   Der Verband unterstützt wissenschaftliche Forschung im Bereich der Präsentationstechnik sowie Rhetorik und fördert den Austausch zwischen Praxis und Wissenschaft. Dies geschieht durch Kooperationen mit Hochschulen und Forschungseinrichtungen sowie durch die Veröffentlichung von Studien und Fachbeiträgen.

3. **Interessenvertretung**

   Die GSA vertritt die Interessen ihrer Mitglieder gegenüber Politik, Wirtschaft und Gesellschaft. Sie setzt sich für die Anerkennung und Wertschätzung des Berufs Redner ein und arbeitet daran, die Rahmenbedingungen für diese Berufsgruppe zu verbessern.

## Angebote und Dienstleistungen

Dazu gehören Zertifizierungen, Weiterbildungen sowie Netzwerk und Austausch. Besonders hervorzuheben sind die beiden Eventformate GSA Convention sowie die *GSA-University*. Die Convention ist eine jährliche Veranstaltung, bei der Redner,

Trainer und Coaches die Möglichkeit erhalten, sich zu vernetzen und auszutauschen. Darüber hinaus bietet sie eine Vielzahl von Vorträgen, Workshops und Networking-Möglichkeiten. Währenddessen erarbeitet die *GSA-University* ein umfassendes Weiterbildungsprogramm, das speziell auf die Bedürfnisse von Rednern und Trainern zugeschnitten ist. Dazu zählen zahlreiche Kurse und Zertifizierungsprogramme.

Zudem ist der Verband Mitglied der *Global Speakers Federation* (GSF), einem internationalen Dachverband, der mehr als 6.000 Experten weltweit vereint. Durch diese Mitgliedschaft erhalten GSA-Mitglieder Zugang zu einem globalen Netzwerk von Rednern und Trainern. Damit profitieren sie sehr direkt von internationalen Best Practices und Entwicklungen, um ihre individuellen Kenntnisse zu erweitern und jederzeit über neue Möglichkeiten informiert zu sein.

### Bedeutung und Einfluss

Die GSA hat sich als eine der bedeutendsten Institutionen im Bereich der öffentlichen Rede und Präsentation im deutschsprachigen Raum etabliert. Durch seine Arbeit trägt der Verband maßgeblich zur Qualitätssicherung und Weiterentwicklung der Rednerbranche bei. Er fördert Innovationen und neue Ansätze in der Rhetorik und Präsentationstechnik und unterstützt seine Mitglieder dabei, ihre Auftraggeber bestmöglich zu begleiten.

## Club 55

Der *Club 55* ist eine exklusive Gemeinschaft von Experten im Bereich Marketing und Vertrieb. Er vereint maximal 55 herausragende Persönlichkeiten aus Wirtschaft und Wissenschaft, die sich durch ihre fachliche Expertise sowie ihren Beitrag zur Weiterentwicklung dieser Disziplinen auszeichnen.

Gegründet im Jahr 1958, etablierte sich der *Club 55* seitdem als eine der renommiertesten Plattformen für den Austausch von Wissen und Erfahrungen im Bereich Marketing und Vertrieb. Die Gründungsidee war es, eine exklusive Gemeinschaft aufzubauen, in der sich führende Experten regelmäßig treffen, um sich gegenseitig zu inspirieren, herauszufordern und weiterzubilden.

## Ziele und Aufgaben

Die zentralen Ziele des *Club 55* sind:

1. **Förderung von Exzellenz**

    Der Club setzt sich in den Bereichen Marketing und Vertrieb für höchste Qualitätsstandards ein. Die Mitglieder sind verpflichtet, kontinuierlich und sehr umfassend an ihrer fachlichen und persönlichen Weiterentwicklung zu arbeiten.

2. **Wissensaustausch und Vernetzung**

    Der Club bietet eine Plattform für den intensiven Austausch von Wissen und Erfahrungen. Durch regelmäßige Treffen und Veranstaltungen wird der Dialog zwischen den Mitgliedern gefördert und es werden dabei neue Impulse für die Praxis gegeben.

3. **Auszeichnungen und Anerkennung**

    Jährlich zeichnet der Club herausragende Persönlichkeiten aus Wirtschaft, Gesellschaft und Politik aus, die sich durch besondere Leistungen im Bereich Marketing und Vertrieb hervorgetan haben. Zu den Auszeichnungen gehören der Award of Excellence, der Lifetime Award sowie der Special Award.

### Angebote und Dienstleistungen

Der *Club 55* bietet eine Vielzahl von Dienstleistungen an Angeboten für seine Mitglieder:

1. **Jährlicher Kongress**

   Ein zentrales Ereignis im Kalender ist der jährliche Kongress, bei dem sich Mitglieder, Gäste und potenzielle Kandidaten zum fachlichen Austausch treffen. Der Kongress bietet eine Plattform für intensive Diskussionen und Workshops zu aktuellen Themen in den Bereichen Marketing, Vertrieb und Management.

2. **Exklusive Mitgliedschaft**

   Die Mitgliedschaft ist ein exklusives Privileg und eine Auszeichnung zugleich. Sie ist auf maximal 55 Mitglieder beschränkt, die durch ihre herausragende fachliche Expertise und ihren Beitrag zur Weiterentwicklung der Disziplinen Marketing und Vertrieb ausgewählt werden.

3. **Netzwerk und Austausch**

   Der Club bietet eine einzigartige Möglichkeit zur Vernetzung und zum Austausch mit führenden Experten aus Wirtschaft und Wissenschaft. Die Mitglieder profitieren zudem von einem exklusiven Netzwerk und der einmaligen Gelegenheit, sich regelmäßig mit Gleichgesinnten auszutauschen.

### Bedeutung und Einfluss

Der *Club 55* konnte sich schon nach wenigen Jahren als eine der wichtigsten Institutionen im Bereich Marketing und Vertrieb etablieren. Durch seine Arbeit trägt der Club maßgeblich zur Qualitätssicherung und Weiterentwicklung dieser Disziplinen bei. Er fördert Innovationen und neue Ansätze in der Praxis und unterstützt seine Mitglieder mit regelmäßigen Veranstaltungen, Weiterbildungen und einem hochwertigen Austausch dabei, ihre Kunden bestmöglich zu begleiten.

## European Coaching Association e.V. (ECA)

Die *European Coaching Association e.V.* (ECA) ist ein bedeutender Berufsverband für professionelle Coaches, Lehrcoaches und Lehrinsitute in Europa. Seit ihrer Gründung im Jahr 1994 als erster Coachingverband in Deutschland hat die ECA Maßstäbe für professionelles Coaching gesetzt und sich als eine der führenden Institutionen in diesem Bereich etabliert. Der europaweit vernetzte Verband setzt sich für die Professionalisierung und Weiterentwicklung des Coachings als lösungs-, ressourcen- und zielorientierte Arbeit mit Menschen ein.

### Ziele und Aufgaben

Die ECA verfolgt drei zentrale Ziele:

1. **Qualitätssicherung**

   Der Verband setzt sehr hohe Standards für die Ausbildung und Zertifizierung von Coaches. Die Mitglieder der ECA orientieren sich an einem humanistischen Menschenbild und erkennen die darauf beruhende Ethik an.

2. **Förderung der methodischen Vielfalt**

   Die ECA unterstützt die methodische Vielfalt im Coaching und setzt sich für die Weiterentwicklung und Professionalisierung des Berufsbildes „professioneller Coach" ein.

3. **Berufsständische Aus- und Weiterbildung**

   Der Verband engagiert sich besonders in der Aus- und Weiterbildung von Coaches. Die ECA-Mitglieder werden entsprechend ihrer Qualifikation und Berufserfahrung in einem dreistufigen System lizenziert und zusätzlich nach ihren Kernkompetenzen differenziert.

### Angebote und Dienstleistungen

Die ECA bietet eine große Zahl von Angeboten und Dienstleistungen für ihre Mitglieder:

1. **Lizenzierung und Zertifizierung**

   Das dreistufige Lizenzierungssystem (Basic, Advanced und Expert) erkennt die unterschiedlichen Qualifikationen und Kompetenzen der Coaches an. Diese Lizenzen sind ein Gütesiegel für Qualität und Professionalität im Coaching.

2. **Weiterbildung und Training**

   Der Verband organisiert regelmäßig Weiterbildungsangebote, darunter Workshops, Seminare und Konferenzen. Diese Veranstaltungen bieten den Mitgliedern die Möglichkeit, ihre Kenntnisse zu erweitern und sich über aktuelle Entwicklungen im Coaching auszutauschen.

3. **Netzwerk und Austausch**

   Die ECA unterhält eine Plattform für den Austausch und die Vernetzung ihrer Mitglieder. Durch regionale und überregionale Treffen, Online-Foren und Fachgruppen fördert der Verband den Wissenstransfer und die Zusammenarbeit innerhalb der Branche.

4. **Regelmäßige Veranstaltungen**

   Die ECA Academy sowie ECA-Kongresse und Tagungen umfassen gezielt aktuelle Themen in den Bereichen Coaching und Personalentwicklung. Beide bieten eine Vielzahl an Kursen, Workshops sowie intensive Diskussionsrunden, die speziell auf die Bedürfnisse von Coaches zugeschnitten sind. Hinzukommen Zertifizierungsprogramme und Vorträge, die das Weiterkommen der Mitglieder sichern.

## Vision und Ethik

Die Vision der ECA ist es, das Berufsbild des Coaches als anerkannten freiberuflichen Berater zu etablieren, der Unternehmen, Manager, Teams, Privatpersonen, Paare und Familien in ihrer Entwicklung unterstützt. Darüber hinaus setzt sie sich für Transparenz in einem Markt ein, in dem der Begriff „Coach" nicht geschützt ist, und fördert die unzweifelhafte Wertschätzung des Berufsstandes. Die ethischen Grundsätze der ECA basieren auf einem humanistisch-ganzheitlichen Menschenbild. Ihre Mitglieder verpflichten sich, diese ethischen Grundlagen anzuerkennen und in ihrer Arbeit zu berücksichtigen.

## Bedeutung und Einfluss

Die ECA hat sich als eine der wichtigsten Institutionen im Bereich Coaching in Europa etabliert. Durch seine Arbeit trägt der Verband maßgeblich zur Qualitätssicherung und Weiterentwicklung des Coachings bei. Er fördert Innovationen und neue Ansätze in der Coaching-Praxis und unterstützt seine Mitglieder dabei, ihre Klienten bestmöglich zu begleiten.

## Deutscher Verband für Coaching und Training e.V. (dvct)

Der *Deutsche Verband für Coaching und Training e.V.* (dvct) ist einer der größten und bedeutendsten Fachverbände für Coaches und Trainer im deutschsprachigen Raum. Mit mehr als 1.800 Mitgliedern setzt sich der dvct für die Professionalisierung und Qualitätssicherung in den Bereichen Coaching und Training ein.

### Ziele und Aufgaben

Zu den Zielen des dvct gehören:

1. **Qualitätssicherung**

    Der Verband setzt hohe Standards für Ausbildung und Zertifizierung von Coaches und Trainern. Das dvct-Zertifikat gilt als Gütesiegel für Qualität und Professionalität. Es stellt sicher, dass die zertifizierten Coaches und Trainer über die notwendigen Kompetenzen und Erfahrungen verfügen.

2. **Ethische Richtlinien**

    Der dvct hat eine Ethikrichtlinie entwickelt, die als Bewertungsrahmen für konkretes und bewusstes Handeln im Beruf dient. Diese Richtlinie unterstützt die professionelle Selbstreflexion der Coaches und Trainer. Sie stellt sicher, dass ethische Standards jederzeit und von allen Mitgliedern eingehalten werden.

3. **Interessenvertretung**

    Der Verband vertritt die Interessen seiner Mitglieder gegenüber Politik, Wirtschaft und Gesellschaft. Er setzt sich für Anerkennung und Wertschätzung der Berufe Coach und Trainer ein. Darüber hinaus arbeitet er daran, die Rahmenbedingungen für diese Berufsgruppe zu verbessern.

### Angebote und Dienstleistungen

Zu den Angeboten und Dienstleistungen des dvct gehören unter anderem:

1. **Zertifizierungen**

    Der Verband bietet unterschiedliche Zertifizierungsprogramme an, die als Qualitätsmerkmal in der Branche anerkannt sind.

2. **Weiterbildung**

Der dvct organisiert regelmäßige Weiterbildungsangebote, darunter Workshops, Seminare und Konferenzen. Diese Veranstaltungen bieten den Mitgliedern die Möglichkeit, ihre Kenntnisse zu erweitern und sich über aktuelle Entwicklungen im Coaching und Training auf dem Laufenden zu halten.

3. **Netzwerk und Austausch**

Der Verband bietet eine Plattform für den Austausch und die Vernetzung seiner Mitglieder. Durch regionale und überregionale Treffen, Online-Foren sowie verschiedene Fachgruppen fördert der dvct den Wissenstransfer und die Zusammenarbeit innerhalb der vielschichtigen Branche.

4. **Veranstaltungen**

Der dvct Kongress sowie der dvct Coaching & Training Award bieten den Mitgliedern jährlich die Gelegenheit, Vorträge, Workshops und interessante Networking-Möglichkeiten zu nutzen. Darüber hinaus werden herausragende Projekte und Persönlichkeiten im Bereich Coaching und Training geehrt. Der dvct-Award würdigt innovative Ansätze und Best Practices in der Branche.

## Bedeutung und Einfluss

Allein durch die Zahl seiner Mitglieder hat der dvct ein großes Gewicht in der Branche der Coaches, Trainer, Berater und Speaker. Gemeinsam mit den anderen Fachverbänden fördert er Innovationen und neue Ansätze in der Praxis. Durch seine Arbeit trägt er – ebenso wie die anderen Verbände – zur Qualitätssicherung und Weiterentwicklung des Coachings und Trainings bei.

## Roundtable der Coachingverbände (RTC)

Der *Roundtable der Coachingverbände* (RTC) ist eine bedeutende Interessengemeinschaft, die sich aus verschiedenen Berufs- und Fachverbänden im Bereich Coaching zusammensetzt. Der RTC wurde im Jahr 2005 gegründet. Seitdem etabliert er sich als zentrale Plattform für die Professionalisierung und Qualitätssicherung im Coaching. Er wurde ins Leben gerufen, um eine gemeinsame Stimme für die verschiedenen Coaching-Verbände zu schaffen und damit vor allem die Professionalisierung des Coachings entscheidend voranzutreiben. Der Zusammenschluss ermöglicht es den Mitgliedsverbänden, ihre Kräfte zu bündeln und entgegen aller Interessenskonflikten gemeinsam an der Standardisierung und Weiterentwicklung des Coachings zu arbeiten. Mitgliedsverbände sind die meisten einschlägigen Verbände der Branche in Deutschland.

### Ziele und Aufgaben

Wie auch seine Mitgliedsverbände, verfolgt der RTC vor allem drei wichtige Ziele:

1. **Qualitätssicherung**

   Auch der RTC setzt hohe Standards für die Ausbildung und Zertifizierung von Coaches. Durch die Zusammenarbeit der verschiedenen Verbände konnten in engen Absprachen einheitliche Qualitätskriterien entwickelt und umgesetzt werden.

2. **Professionalisierung des Coachings**

   Der RTC arbeitet daran, das Berufsbild des Coaches weiter zu professionalisieren und seine Anerkennung des Berufsstandes in der Gesellschaft zu fördern. Dies umfasst auch die Entwicklung von Leitlinien und Standards für die Coaching-Praxis.

3. **Interessenvertretung**

Der RTC vertritt die Interessen seiner Mitgliedsverbände gegenüber Politik, Wirtschaft und Gesellschaft. Auch er setzt sich für die Anerkennung und Wertschätzung des Coachings als professionelle Beratungsform ein.

## Angebote und Dienstleistungen

Der RTC bietet seinen Mitgliedsverbänden und deren Mitglieder eine Vielzahl von Möglichkeiten:

1. **Qualitätssiegel**

    Der RTC hat ein verbandsübergreifendes Qualitätssiegel eingeführt, das Coaches auszeichnet, die dem hohen Standard des RTC entsprechen. Dieses Siegel dient als Gütesiegel für Qualität und Professionalität im Coaching.

2. **Weiterbildung und Training**

    Auch der RTC organisiert wie seine Mitgliedsverbände regelmäßige Weiterbildungsangebote – von Workshops über Seminare bis zu Konferenzen. Diese Veranstaltungen dienen den Mitgliedern dazu, ihre Kenntnisse zu erweitern und sich über aktuelle Entwicklungen im Coaching zu informieren.

3. **Netzwerk und Austausch**

    Der RTC fördert ebenfalls den Wissenstransfer und die Zusammenarbeit innerhalb der Branche, indem er seinen Mitgliedsverbänden und deren Mitgliedern Austausch und Vernetzung unter anderem über regelmäßige Treffen und Online-Foren anbietet. Außerdem organisiert er Kongresse, Tagungen und die Verleihung seines Qualitätssiegels für herausragende Leistungen im Coaching. Seine Vision und Ethik sind zudem deckungsgleich mit denen seiner Mitgliedsverbände.

## Bedeutung und Einfluss

Als Dachverband in der Branche der Coaches und Trainer erarbeitete sich der RTC einen wichtigen Einfluss für seine Mitgliedsverbände in Politik, Wirtschaft und Gesellschaft, die durch ihn mit einer gemeinsamen Stimme auftreten. Seine überragende Bedeutung liegt in der Einigkeit, mit der die Branche durch ihn in Erscheinung tritt und sich damit nicht nur leistungsstark in der Öffentlichkeit, sondern auch äußerst professionell positioniert.

# 13
# Die Zukunft

Die Branche der Coaches, Trainer, Berater und Speaker steht vor einer spannenden und dynamischen Zukunft. Verschiedene Trends und Entwicklungen prägen aktuell das Bild und bieten sowohl Herausforderungen als auch Chancen. Zu den wichtigsten Treibern gehören vor allem die Digitalisierung, Individualisierung und eine zunehmende Professionalisierung. Die Integration neurowissenschaftlicher Erkenntnisse, moderner Technologien und nachhaltiger Praktiken wird die Arbeitsweise der Experten verändern und neue Möglichkeiten schaffen. Dennoch bleibt die menschliche Beziehung zwischen Coach und Klient das Herzstück jedes Coachings. Der Erfolg eines Coaches wird maßgeblich davon abhängen, wie gut er sich an neue Entwicklungen anpasst und innovative Ansätze in seine Praxis integriert, um seinen Klienten bestmöglich zu unterstützen.

**Wohin geht die Reise der Branche?**

Die Digitalisierung hat bereits heute einen erheblichen Einfluss auf die Branche. Digitale Tools und Plattformen ermöglichen es Coaches, Trainern, Beratern und Speakern, ihre Dienstleistungen auch online anzubieten. Videokonferenzen, Webinare und Onlinekurse sind mittlerweile weit verbreitet und bieten eine flexible, kosteneffiziente Möglichkeit, Klienten weltweit zu erreichen. Apps für Coaching und Training bieten zusätzliche Unterstützung. Sie ermöglichen es den Klienten, jederzeit und überall auf Ressourcen zuzugreifen. Gleichzeitig übernehmen KI-gestützte Tools inzwischen Erstellung und Überwachung personalisierter Coaching- und Trainingsprogramme. Zusätzlich überwachen sie die Fortschritte der Klienten.

Zunehmend wichtiger wird auch die Integration von Erkenntnissen aus den Neurowissenschaften und der Psychologie in den Prozess von Coaching und Training. Diese Disziplinen tragen dazu bei, die Funktionsweise des Gehirns besser zu verstehen und effektive Methoden zur Verhaltensveränderung zu entwickeln. Coaches und Trainer, die neurowissenschaftliche Ansätze nutzen, können ihren Klienten unter Umständen gezieltere, wirkungsvollere und sogar individuellere Unterstützung anbieten.

Die Nachfrage nach maßgeschneiderten Coaching- und Trainingsprogrammen wächst zunehmend. Klienten erwarten individuelle Lösungen, die auf ihre spezifischen Bedürfnisse und Ziele angepasst sind. Dies erfordert von Coaches und Trainern eine hohe Flexibilität sowie die Fähigkeit, personalisierte Ansätze zu entwickeln. Zumal die Globalisierung neue Märkte eröffnet. Allerdings erfordert sie auch ein sehr tiefgreifendes Verständnis für kulturelle Unterschiede und die Bereitschaft, in unterschiedlichen kulturellen Kontexten zu arbeiten. Interkulturelle Kompetenz wird daher zu einer wichtigen Fähigkeit in der Branche der Coaches, Berater, Trainer und Speaker.

Immer bedeutsamer wird auch das Thema Gesundheit und Wohlbefinden. Coaches und Trainer, die sich auf diese Bereiche spezialisieren, können von der wachsenden Nachfrage in den Bereichen Stressmanagement, Work-Life-Balance und Resilienz profitieren. Denn Gesundheitscoaching und -training bieten eine wertvolle Ergänzung zu traditionellen Coaching- und Trainingsansätzen.

Neben dem Einzelcoaching gewinnt das Gruppen- und Teamcoaching grundsätzlich an Bedeutung. Unternehmen und Organisationen erkennen zunehmend den Wert von Teamcoaching, um die Zusammenarbeit und Leistung ihrer Teams zu verbessern. Dies erfordert von Coaches und Trainern spezielle Kompetenzen und Methoden, um effektiv und erfolgreich mit Gruppen zu arbeiten.

Zu den Softskills, die immer mehr von Coaches, Trainern, Beratern und Speakern gefordert werden, gehören Nachhaltigkeit und Ethik. Eine wachsende Zahl von Experten integrieren nachhaltige Praktiken in ihre Arbeit – sei es durch umweltfreundliche Materialien, digitale Ressourcen oder die Förderung von Nachhaltigkeitsinitiativen bei den Klienten. Ethikrichtlinien und transparente Arbeitsweisen werden ebenfalls zunehmend wichtiger, um das Vertrauen der Klienten zu gewinnen und zu erhalten. Dazu passend schreitet die Professionalisierung der Branche voran. Verbände und Organisationen setzen sich für hohe Qualitätsstandards und Zertifizierungen ein, um insbesondere die Glaubwürdigkeit der Fachkräfte zu gewährleisten. Kontinuierliche Weiterbildung sowie Supervision sichern zusätzlich die Qualität ihrer Dienstleistungen.

### Wer ist dabei?

In den vergangenen Jahren durchlief die Branche gravierende Veränderungen – insbesondere durch Digitalisierung und die Auswirkungen der Pandemie. Viele Experten passten sich erfolgreich an die Gegebenheiten an. Sie sind weiterhin aktiv und einflussreich. International gehören dazu der weltweit anerkannte Executive Coach und Bestsellerautor Marshall Goldsmith, selbstverständlich der derzeit bekannteste Motivationsspeaker Tony Robbins, die führende Expertin für Scham und Verletzlichkeit Brené Brown sowie die beiden Führungsexperten Simon Sinek und John Calvin Maxwell.

Auf dem deutschen Markt sind neben Persönlichkeiten wie Hermann Scherer, Christian Bischoff und Dirk Kreuter auch Sabine Asgodom, die im Bereich Selbstmanagement und Persönlichkeitsentwicklung arbeitet, Monika Scheddin, spezialisiert auf Karriere- und Führungskräfteentwicklung sowie der bekannte Motivationstrainer Jörg Löhr zu nennen. Sie alle profitieren eher von den gesellschaftlichen Entwicklungen, statt sich von ihnen aufhalten zu lassen.

**Welche Perspektive bietet der Markt in den kommenden Jahren?**

Der Markt für Coaching, Training und Beratung wächst kontinuierlich. Immer mehr Unternehmen und Privatpersonen erkennen in Zeiten besonders großer gesellschaftlicher Umbrüche den Wert professioneller Unterstützung vor allem in den Bereichen Führung, Persönlichkeitsentwicklung und berufliche Weiterbildung. Die Honorare und Einkommen in der Branche zeigen deshalb eine positive Entwicklung. Laut der Coaching-Marktanalyse 2023 sind die durchschnittlichen Stundensätze und Gesamteinkommen der Coaches gestiegen. Dies deutet darauf hin, dass die Wertschätzung und auch Zahlungsbereitschaft für professionelle Coaching- und Trainingsdienstleistung zunehmen. Dabei kann die Spezialisierung auf bestimmte Themen oder auch Zielgruppen wirtschaftlich überaus vorteilhaft sein. Coaches und Trainer, die sich auf Nischenmärkte wie Gesundheitscoaching, Führungskräfteentwicklung oder interkulturelles Training spezialisieren, können sich von Wettbewerbern positiv abheben und höhere Honorare erzielen. Darüber hinaus bieten Digitalisierung und hybride Modelle zahlreiche Chancen für Wachstum und Erfolg. Entscheidend für dauerhaften Erfolg in dieser sehr dynamischen Branche ist allerdings nach wie vor die Fähigkeit, sich an neue Entwicklungen anzupassen und innovative Ansätze zu integrieren.

## Welche Herausforderungen warten auf die Branche?

Trotz aller positiven Trends und eines dynamischen Wachstums warten in den kommenden Jahren einige spannende Herausforderungen auf die Branche der Coaches, Trainer, Berater und Speaker. So beschert die Umstellung auf Online-Coaching und – Training den Marktteilnehmern nicht nur große Chancen, sondern auch erhebliche Investitionen in Technologie und Schulung. Die Anbieter müssen sich kontinuierlich weiterbilden, um mit den neuesten digitalen Trends und Tools Schritt zu halten.

Weitere Herausforderungen in den kommenden Jahren werden Wettbewerb und Marktsättigung sein. Gerade das enorme Wachstum des Marktes könnte einigen Anbietern zum Verhängnis werden. Denn viele neue Fachkräfte drängen in die Branche, in der sie viele neue Möglichkeiten sehen. Das erhöht natürlich die Schwierigkeit für alle, sich deutlich abzuheben und Klienten zu gewinnen. Coaches und Trainer müssen daher neue Methoden und Ansätze entwickeln und erproben, um ihre Alleinstellungsmerkmale klar und vor allem sichtbar zu kommunizieren.

Die Sicherstellung hoher Qualitätsstandards bleibt eine zentrale Herausforderung innerhalb der Branche. Da die Berufsbezeichnung „Coach" nicht geschützt ist, gibt es sehr viele Anbieter mit unterschiedlichsten Qualifikationen und Erfahrungen. Verbände und Organisationen setzen sich für die Professionalisierung und Zertifizierung ein, um die Qualität der Dienstleistungen gleichermaßen zu vereinheitlichen und damit auch zu gewährleisten. Damit soll vor allem das Vertrauen der Klienten gewonnen und erhalten werden, was für die gesamte Branche essentiell ist. Ethikrichtlinien und transparente Arbeitsweisen sind dafür entscheidende Meilensteine, die jeder Coach und Trainer einhalten sollte, um dazu beizutragen, die Branche insgesamt zu stärken.

Denn ein häufig geäußerter Kritikpunkt betrifft gerade Professionalität und Qualität von Coaches, Beratern, Trainern und Speaker. Einer der weitaus meistgenannten Vorwürfe: Es sei für Menschen mit Beratungsbedarf besonders schwierig, in der unübersichtlichen Marktlage qualifizierte und vor allem seriöse Coaches zu finden. Auch führe das derzeitige Überangebot auf dem Markt zu einem enormen Preisdruck und einer Abnahme von Qualität, da immer mehr Anbieter um die gleichen Klienten konkurrieren. Zudem fehle es an Transparenz in Bezug auf Methoden und Ergebnisse.

**Welche Lösungen bietet die Branche zukünftig ihren Kunden?**

Einige zukunftsweisende Ansätze, die heute noch kaum von der Branche der Coaches, Trainer, Berater und Speaker beachtet werden, erhalten in den kommenden Jahren voraussichtlich eine überaus große Bedeutung. Dazu gehören:

1. **Virtuelle Realität (VR) und Augmented Reality (AR)**

    VR und AR lassen Klienten durch immersive Erlebnisse, Coaching und Training auf einem neuen Level kennenlernen. Beide Technologien ermöglichen es, realistische Szenarien zu erleben und in einer sicheren Umgebung zu üben. So können Klienten in virtuellen Trainingsräumen komplexe Situationen, wie zum Beispiel schwierige Verhandlungsgespräche oder anspruchsvolle Präsentationen, durchspielen und dabei Sicherheit gewinnen. AR-gestützte Lernmodule bieten darüber hinaus interaktive und visuelle Hilfestellungen, die das Lernen und Verstehen erleichtern.

2. **Künstliche Intelligenz (KI) und Machine Learning**

    Beide können selbstständig personalisierte Coaching- und Trainingsprogramme erstellen, die passgenau auf den persönlichen Bedürfnissen und Fortschritten der Klienten basieren. Die innovativen Technologien ermöglichen es, große Datenmengen zu analysieren und individuelle maßgeschneiderte Empfehlungen zu geben. Darüber hinaus bieten KI-gestützte Coaching-Apps personalisierte Unterstützung und Feedback aufbauend auf den Daten der Interaktionen der Klienten. Predictive Analytics kann außerdem zukünftige Entwicklungen und Bedürfnisse der Klienten voraussagen und proaktive Strategien entwickeln.

3. **Biofeedback und Wearable Technology**

Diese neuen Technologien liefern in Echtzeit Daten über den physischen und emotionalen Zustand der Klienten. Diese Informationen können dazu verwendet werden, Coaching und Training gezielt anzupassen und zu optimieren. Wearables können zudem den Stresslevel sowie die emotionalen Reaktionen der Klienten ständig überwachen und Coaches dabei helfen, effektive Strategien zur Bewältigung unerwünschter oder gar gefährlicher Zustände zu entwickeln. Zusätzlich können die gewonnenen Daten dafür genutzt werden, um Trainingspläne zu personalisieren sowie die körperliche und mentale Leistungsfähigkeit zu steigern.

4. **Gamification**

Gamification-Ansätze nutzen spielerische Elemente, um das Engagement sowie die Motivation der Klienten zu erhöhen. Durch die Integration von Belohnungssystemen und interessant gestalteten spielerischen Herausforderungen können definierte und erwünschte Lern- und Entwicklungsprozesse attraktiver gestaltet werden. Genau auf diese Weise fördern interaktive Lernspiele kognitives Wachstum. Auch Motivationsplattformen bauen auf diesen Prinzipien auf.

5. **Blockchain-Technologie**

   Die Blockchain-Technologie kann genutzt werden, um die Transparenz und Sicherheit in Coaching- und Trainingsprozessen zu erhöhen. Sie ermöglicht eine ganz besonders vertrauensvolle Speicherung und Verwaltung aller Daten und Zertifikaten. So kann Blockchain genutzt werden, um die Authentizität von Zertifikaten und Qualifikationen zu gewährleisten. Zudem bietet die neue Technologie auch eine sichere und transparente Möglichkeit, sensible Daten von Klienten zu verwalten.

Die Zukunft der Branche der Coaches, Trainer, Berater und Speaker wird aller Voraussicht nach von fortschrittlichen Technologien und Ansätzen geprägt sein, die das Coaching und Training weitaus effektiver und vor allem auch attraktiver gestalten. Dabei sind Virtuelle Realität, Künstliche Intelligenz, Wearable Technology, Gamification und Blockchain nur einige der vielversprechendsten Entwicklungen, die in den kommenden Jahren für die gesamte Branche mit großer Wahrscheinlichkeit an Bedeutung gewinnen werden.

**Zu guter Letzt**

Auch wenn noch niemand vorhersagen kann, welche Technologien in welchem Maß zukünftig in der Branche eingesetzt werden, zeichnet sich doch schon heute ein gewaltiger Umbruch für die Coaching-Szene ab. Wie immer wird es zahlreiche Gewinner und Verlierer der Veränderungen geben. Was aber ganz sicher ist: Es wird weiterhin Menschen geben, die Unterstützung in ihrem Leben in Form von Zuwendung, Wissen, Beratung und auch emotionale Betreuung benötigen. Die Zahl dieser Menschen wird durch gesellschaftlichen Wandel in den kommenden Jahrzehnten zunehmen.

Darauf sollte und muss sich die Branche vorbereiten, um die Aufgaben, die unzweifelhaft auf sie zukommen werden, zu bewältigen.

Es war ein langer Weg von den Anfängen des Coachings als Ratgeber zur guten Lebensführung im 19. Jahrhundert über die ersten Unternehmens- und Managementberatungen bis zum diversifizierten Coaching-Markt heutiger Prägung. Doch nichts spricht dafür, dass damit ein Endpunkt in der Entwicklung erreicht ist. Im Gegenteil: Die vielschichtige Szene der Coaches, Trainer, Berater und Speaker lässt sich auch als Startpunkt oder sogar als Versprechen für zukünftige innovative Ansätze deuten. Alle Marktteilnehmer werden auf baldige gesellschaftliche Veränderungen und technologisches Neuland reagieren müssen. Daraus ergibt sich zwangsläufig ein Wandel, dessen Dynamik heute noch überhaupt nicht absehbar ist. Die Branche steckt im Grunde genommen selbst in einem tiefen Coaching-Prozess, der sie zu neuen Ufern führen wird, aber auch zu einer Bereinigung des Marktes. Nicht alle Wettbewerber sind bereit und in der Lage, sich den verändernden Bedingungen anzupassen.

Die Methoden und Glaubenssätze von heute taugen wahrscheinlich kaum noch für die technologisch getriebene Welt von morgen. Doch wenn die ganze Welt im Umbruch ist, so ist es auch die Branche der Coaches, Trainer, Berater und Speaker. Sie muss Antworten finden auf die drängenden Fragen einer modernen Zeit, in der sich der Mensch mit Hilfe von künstlicher Intelligenz im Zusammenspiel mit Wearables neu vermisst und dadurch ein neues Selbst- und Weltbild gewinnt.

Die größte Herausforderung für die Coaching-Szene besteht deshalb darin, mit dieser Entwicklung Schritt zu halten.

# **Forward**Verlag

### Dir hat das Buch gefallen?

Wir freuen uns über jede Rezension bei Amazon.

Mit deiner Rezension unterstützt du uns, bei Amazon eine verbesserte Sichtbarkeit zu erhalten. Das hilft vielen Menschen sehr weiter.

Sende uns gerne eine E-Mail mit einem Screenshot von deiner Bewertung bei Amazon und erhalte ein tolles Geschenk.

---

### Du hast Interesse an unseren Büchern?

Zum Beispiel als Geschenk für deine Kunden oder Mitarbeiter?

Dann fordere unsere attraktiven Sonderkonditionen an.

---

✉ info@forwardverlag.de

**ForwardVerlag**

manager magazin
**Bestseller**

**SPIEGEL Bestseller**

---

| | |
|---|---|
| Titel: | Steuern machen Spass! |
| Untertitel: | Vor allem die, die du nicht bezahlen musst! |
| Autor: | Johannes Lemminger alias Zacharias Zaster |
| ISBN: | 978-3-98755-078-2 |

---

Komm mit auf eine faszinierende Reise durch das vielschichtige Universum der Steueroptimierung! Dieses Buch wird Dein Kompass durch den Dschungel der Steuergesetze und offenbart Dir, als Unternehmer und als Angestellter, praxisnahe und kreative Strategien, um Dein Vermögen intelligent und steuereffizient aufzubauen.

Als Unternehmer entdeckst Du Deinen persönlichen Steuer-Typen, navigierst mit der Ithaka Steuer-Strategie durch fiskalische Herausforderungen und lernst die vielseitigen Potenziale von Immobilieninvestitionen kennen. Als Angestellter erforschst du einerseits das Prinzip der Nettoentgeltoptimierung und andererseits, wie leicht du selbst Unternehmer werden kannst und ein gewaltiges steuerliches Potential freisetzen kannst.

Dieses Buch ist mehr als ein Leitfaden – es ist Dein Wegweiser zu finanzieller Weisheit und Freiheit, gestaltet mit Leichtigkeit und Spaß im Umgang mit Steuern.

▶ **Forward**Verlag

**SPIEGEL Bestseller**

| | |
|---|---|
| Titel: | 10X für Immobilieninvestoren |
| Untertitel: | Erfolgsstrategien für den modernen Immobilienmarkt |
| Autor: | Markus Beforth |
| ISBN: | 978-3-98755-114-7 |

Bist du bereit, deine Immobilieninvestitionen auf das nächste Level zu heben? In diesem Buch entdeckst du fortgeschrittene Strategien, die es dir ermöglichen, mit weniger Eigenkapital mehr Immobilien zu erwerben und mit Bestandsimmobilien eine höhere Rendite zu erzielen.

Erfahre, wie du durch kreative Finanzierungsmodelle und innovative Investitionsstrategien deine Investitionen optimieren kannst. Lerne, wie du Risiken minimierst und gleichzeitig dein Portfolio diversifizierst, um langfristigen Erfolg zu gewährleisten. Egal, ob du nach passivem Einkommen suchst oder die komplette finanzielle Freiheit durch Immobilien anstrebst, dieses Buch liefert dir die Tools und Strategien, um deine Ziele zu erreichen. Nutze die Erfahrungen des erfolgreicher Autors und transformiere dein Portfolio in eine Quelle langfristigen Wohlstands für Generationen.

**ForwardVerlag**

| | |
|---|---|
| Titel: | WHY I CARE |
| Untertitel: | Wie gute Unternehmer großartig werden und privat im Lot bleiben |
| Autorin: | Paula Brandt |
| ISBN: | 978-3-947506-73-0 |

Was kommt für dich, wenn du als Unternehmer*in erfolgreich bist? Gerade die sehr Erfolgreichen fragen: „Was will ich eigentlich als Mensch erreichen?"

In den ersten Jahren als Unternehmer*in geht es um Begrenzung. Wie wirst du größer? Wie findest du Kunden und richtige Mitarbeiter? Wie kriegst du finanzielle Reichweite? Wenn du das alles gelöst hast, bist du nach Auffassung vieler erfolgreich. Wirklich?

Unternehmersein so angehen, dass du nachhaltig erfolgreich bist – um ein neues Level an Zufriedenheit und Stimmigkeit in dein Leben zu bringen. Klar, das schafft und will nicht jeder. Aber wer die Reise macht, kann zum Leuchtturm werden.

**Forward**Verlag